Geopolitics
of Global
Railways

世界铁路的
地缘政治
考察

张晓通　著

人民出版社

目　录

序　言

这本书想写的，是世界铁路的历史，更具体地说，是从地缘政治的视角来写一部世界铁路简史。

一、本书的缘起

为什么要写这本书？最直接的原因源于我做的一项国家社科基金课题"中国高铁走出去的地缘政治风险"。在做课题的过程当中，我研究了很多国家的历史案例，于是把这些案例整合起来，就形成了这本书的基础。第二个原因，也是更内在的原因，是我喜欢铁路，喜欢坐火车，几乎每周都坐，每当我在高铁上，往返于武汉、上海、北京、苏州、保定等地，我的思绪就像飞驰的高铁，进入神游的境地。在放松的状态下，让各条思想线索互相接触、碰撞、缠绕，结合形成新的思想。铁路就有这种魔力。于是，我将学术和自己对铁路的爱好结合起来，就有了想写这本书的冲动。

二、爱好地理，关注地缘政治

喜欢坐火车旅行的人，都是潜在的地理爱好者。在铁路的连接之下，空间缩小了，时间变短了，铁路把时空压缩了。坐在车厢里，一个个地名擦肩而过，一幅幅地理景观扑面而来。作为一名国际政治的研究人员，我对地理的热爱让我爱屋及乌，对地缘政治学产生了浓厚的兴趣，而地缘政治学正是地理学和国际政治学的结合。

地缘政治现在之所以受到越来越多的重视，很大程度上是因为我们现在正进入一个特殊时期，即"地缘政治回归"的时期。地缘政治学作为一门科学，流行于 19 世纪末和 20 世纪上半叶，但是在第二次世界大战结束之后地缘政治学在很大程度上被视为"禁学"。而让地缘政治学变成"禁学"的，正是美国的地缘政治精英。他们禁止战败国德国进行地缘政治学研究，而自己却一直深入研究地缘政治学。所以，地缘政治学在美国得到了很大的发展，而在欧洲等地却发展缓慢。但现在形势发生了巨大的变化，地缘政治学重新进入人们的视野。欧盟委员会甚至将自身定位为"地缘政治的欧委会"。世界各地对于地缘政治的研究热情被重新点燃。

这本书正是以铁路作为研究载体，尝试对地缘政治学进行新的、更加深入的案例研究和理论创新。这本书的理论创新点集中在"地缘政治风险"这一概念。所谓"地缘政治风险",是指由地缘因素所引发的国际政治风险。更具体来讲,"地缘因素",即国家或非国家行为体对特定地缘空间的开发、塑造、竞争或控制,造成既有地缘结构与利益结构变化而引发的国际政治风险。我们要意识到,海外重大基础设施建设项目,很有可能重新塑造地缘利益结构,从而引发地缘政治风险。

以铁路为例。铁路是一种非常特殊的交通工具,它的连通性和它产生的巨大经济社会效应,往往能够改变一个地区的地缘政治结构和地缘经济结构。铁路项目的建设和"走出去",在一定程度上就会成为一种地缘政治,因此,我们这本书就从关于铁路地缘政治的特殊视角延伸出去。历史上著名的铁路地缘政治的案例就是德国在第一次世界大战之前尝试修建的柏林—巴格达铁路,这在一定程度上成为第一次世界大战的导火索。德国皇帝威廉二世雄心勃勃,要修建一条连通柏林,途经中东欧、奥斯曼帝国,剑指波斯湾、印度洋的欧亚大陆铁路大动脉,而这个跟英国产生战略竞争。英国的海上生命线从英伦三岛出发,经大西洋,穿过直布罗陀海峡,进入地中海,再经苏伊士运河、红海,进入印度洋,最终抵达印度。为确保这条海上生命线的安全,大英帝国极力抵制、阻挠修建柏林—巴格达铁路,英、德围绕铁路展开了异常激烈的地缘政治博弈,间接引发了第一次世界大战。

三、以史为鉴，可以知兴替

实际上，历史上任何大国在崛起过程当中，重要基础设施项目都必须走出去，因此都会面临这样那样的地缘政治风险。以史为鉴，可以知兴替。本书就是以铁路项目走出去这样一个视角，尝试总结历史经验教训。

关于铁路的地缘政治故事远不止德国的柏林—巴格达铁路这一例。我们还看到大英帝国在帝国发展的历史过程当中，就是通过铁路建设来维持它对印度的控制，也看到大英帝国通过铁路建设，让自己从一个海权国家逐步深入欧亚大陆腹地，变成一个海陆两栖帝国。同时，通过铁路建设，在非洲与法国争夺，在东南亚与其他列强争夺，维持它世界霸权的地位。再看 19 世纪的俄罗斯，克里米亚战争失败，目睹了英国在克里米亚修建铁路从而获得战场主动权的威力，从此痛定思痛，大规模在帝国内部构建铁路线，其中最著名的就是中亚铁路和西伯利亚大铁路，将整个欧亚大陆横贯起来，扩张帝国版图。当时，英国地理学家麦金德深刻意识到，海权力量在面对俄罗斯这样一个通过铁路线把整个大陆资源贯通的陆权力量，将很难与其争锋。因为在欧亚大陆上，俄罗斯北面是冰天雪地的北冰洋，西面、东面和南面都有战略缓冲带，因此英国这样的海洋力量，很难通过海路投放军事力量对其进行制衡。而俄罗斯又通过建设西伯利亚大铁路，使整个欧亚大陆资源得以贯通，并运输兵力。为大英帝国的地缘安全利益计，麦金德苦思冥想，终于提出了陆权论的思想，即"心脏地带说"："谁控制了心脏地带，谁就控制了世界岛；谁控制了世界岛，谁就控制了全世界。"而这里的心脏地带，实际上就是欧亚大陆上俄罗斯已经控制和正在控制的领土。

四、本书结构

本书共三章：第一章介绍了什么是地缘政治；第二章构建了一个对铁路地缘政治进行分析的理论框架；第三章是铁路地缘政治的历史案例。

我想这本书可以成为铁路爱好者、地缘政治学者和外交政策制定者手中的读物，将会对他们有所裨益。谨以此书献给铁路爱好者和全世界的铁路工作者，希望这本书成为一盏明灯，照明地缘政治发展的方向，并帮助政策制定者和跨国企业应对地缘政治风险。

最后，我要感谢参与国家社科基金课题"中国高铁走出去的地缘政治风险"的同事的支持，他们是复旦大学潘忠岐教授，上海国际问题研究院王德华研究员，武汉大学李荣健教授、匡增军教授，中国社科院杨志敏研究员，以及我曾经在商务部的同事包益红。我还要感谢我诸多优秀、勤奋的学生，他们是许子豪、戴安琪、陈佳怡、王先俊、周灏堃、解楠楠、胡晓、[哈]纳扎尔拜、赖扬敏、[土]纳尔班托格鲁、郝念东、张罗颖。他们为课题和本书的创作作出了重要贡献。

最后，我要感谢我的妻子，是她一直督促我完成书稿。从做课题到完成书稿，经历了漫长的六年时间，其间，我的两个女儿出生，我想把这本书送给她们，希望她们能用开放的眼光孜孜不倦地探索和发现我们的这个世界。

张晓通

2021 年 5 月 28 日于上海

第一章

什么是地缘政治？

　　西方地缘政治学历经百余年来的发展演变，形成了系统、权威的古典地缘政治理论，提供了一整套有关地缘政治的思维模式和认识论框架。这套思维定式的理论表现形式就是 19 世纪末在西方发展起来的古典地缘政治理论。由于古典地缘政治理论以西方发达国家为中心，分析视角过分强调权力与竞争，并将海权与陆权截然对立，其对地缘政治实践的解读，可能会走向"自我实现的预言"，对未来国家间关系产生负面影响。

　　西方地缘政治学历经百余年来的发展演变，形成了系统、权威的古典地缘政治理论，提供了一整套有关地缘政治的思维模式和认识论框架。这套思维定式的理论表现形式就是19世纪末在西方发展起来的古典地缘政治理论①，该理论以美国海军历史学家马汉的"海权论"为基础，将世界看作由陆权和海权组成的两个对立的世界。②继马汉之后，英国地缘政治学家麦金德又提出了"陆权"思想，即"心脏地带说"（Heartland Theory）。③第二次世界大战期间，美国耶鲁大学教授尼古拉斯·斯皮克曼又在"心脏地带说"的基础上提出了"边缘地带说"（Rimland Theory）。④这些理论都关注陆权与海权之间的竞争关系。在古典地缘政治学看来，所谓地缘政治，指的就是国家之间对地理空间控制权的争夺。德国地缘政治学家卡尔·豪斯霍弗认为，地缘政治是夺取地球生存空间的生存斗争，地缘政治学是为这种生存斗争及其政治行动艺术奠定科学基础，地缘政治学的目标是辨识生存斗争中的唯一持久之物，即地球表面的基本特征，进而从经验观察上升到科学规律。⑤豪斯霍弗的理论后来遭到批判，

---

① Gearoid Ò. Tuathail, "General Introduction: Thinking Critically about Geopolitics", in Gearoid Ò. Tuathail, et al. (eds.), *The Geopolitics Reader* (Second Edition), Routledge, 2006, p. 9.

② Alfred Thayer Mahan, *The Influence of Sea Power Upon History 1660–1873*, Marston & Co., 1890.

③ Halford J. Mackinder, "The Geographical Pivot of History", *The Geographical Journal*, Vol. 23, No. 4（April 1904）, pp. 421–442.

④ Nicholas Spykman, *The Geography of the Peace*, New York: Harcourt, Brace & Co., 1944.

⑤ ［德］卡尔·豪斯霍弗：《太平洋地缘政治学——地理与历史之间关系的研究》，马勇等译，华夏出版社2020年版，第7页。

被认为与德国纳粹有染，为后者的领土扩张战略提供了理论基础。

第一节　什么是古典地缘政治理论？

在西方地缘政治学者眼中，地缘政治既是一种实践，也是对实践的解读[①]，是一种言论和看待世界的方法[②]。上文提及的马汉、麦金德、斯皮克曼等人，他们本身就是政策制定者或者贴近政策制定的政治人物、专家学者，其地缘政治理论旨在解释地理因素在国际政治中的作用，分析地理因素对一国外交政策的机遇与挑战，并提出相应的地缘政治战略。

《海权论》的作者马汉是美国海军学院第二任校长，后来成为西奥多·罗斯福总统的海军部长。他毕生追求的就是为美国打造一支强大的海军，建立美国的海上霸权。英国地缘政治学家麦金德既是一名学者，也是议会议员。他主要的学术和政治活动都是为了帮助大英帝国应对潜在的地缘战略挑战，维持大英帝国的存续。[③]

---

① Colin Flint, *Introduction to Geopolitics* (Second Edition), Routledge, 2012, p.35.

② John Agnew, *Geopolitics: Re-visioning World Politics* (Second Edition), Routledge, 2003.

③ Gerry Kearns, *Geopolitics and Empire: The Legacy of Halford Mackinder*, Oxford University Press, 2009.

当年马汉的"海权论"甫一问世，就震动了世界，英国人为之倾倒，德国皇帝威廉二世甚至说："我现在不是在阅读，而是在吞噬马汉上校的书，并尝试将其牢记在心。"[①]在《海权对历史的影响（1660—1783 年）》一书中，马汉提出，制海权特别是对于具有重要战略意义的狭窄航道的控制是国家力量至关紧要的因素[②]，这一论断为第一次世界大战前大国之间的海军军备竞赛提供了合法性依据。马汉的思想与他担任海军部长的角色有关，他力主美国建立一支强大的海军，在全球范围内修建海军基地。马汉认为，以巴拿马和苏伊士运河为界的北部陆半球因其活跃的贸易和政治活动，已是世界力量的中心，其中，对于北纬 30—40 度线之间从中国到地中海的广阔地带，他称之为"争执中的和可争执的中间地带"。这片地区是一片地缘政治上的无人区，它过去是、在未来相当长的时间内还将是俄国与各海权国家争夺的焦点。俄国的自然条件使它拥有一种得天独厚的优势，可以不受阻止地向四周扩展力量，进而主宰世界，而俄国军事扩张的历史已经证明了它的这种企图。马汉还预测，俄国对上述地带的扩张将主要集中在其两翼而不是中心，其目的是争

[①] ［美］艾尔弗雷德·塞耶·马汉：《海权对历史的影响（1660—1783 年）》，李少彦等译，海军出版社 2013 年版，第 1 页。

[②] Alfred Thayer Mahan, *The Influence of Seapower Upon History, 1660–1783*, Little and Brown,1897, pp.281–329.

取新的出海通道。于是马汉提出，对俄国扩张的遏制也就应该聚焦其两翼，尤其是不能让俄进入远东以威胁西方海上国家的贸易通道，英、美应结成同盟控制亚欧大陆边缘的战略基地。① 但是，马汉又感到要全面遏制俄国是一件不可能的事情，所以较为可取的出路是达成一种陆上力量与海上力量的平衡。②

马汉自称撰写了海权的学术史，但实际上只是有选择地介绍了一部分历史，其真正目的是要推进他为美国量身定制的一整套海军战略思想。尽管存在这样那样的认知不足，但马汉建立起了一整套分析体系，将世界分为陆权和海权的世界，构成了"西方地缘政治想象"的重要基础。德国地缘政治学家豪斯霍弗采用这种两分法，并在此基础上进一步深化，将世界分为自由的、商业的西方对抗独裁的、落后的东方。③ 马汉理论的内核是现实主义的，海权的世界是一个竞争性的、零和博弈的世界。正如马汉在《海权论》绪言中所述：

① Alfred Thayer Mahan, *The Problem of Asia and Its Effect ipon International Policies*, Little and Brown, 1900, pp.47–55.

② Geoffrey Sloan, *Geopolitics in United States Strategic Policy, 1890–1987*, Palgrave Macmillan, 1988, p.93.

③ Edward W. Said, *Orientalism*, Vintage, 1979; Andre Gunder Frank, *Re-Orient: Global Economy in the Asian Age*, University of California Press, 1998.

一个国家为了确保本国人民能够获得不均衡的海上贸易利益，或是采用平时立法实施垄断，或是制定一些禁令来限制外国贸易，或是当这些办法都失败时直接采取暴力行动来尽力排除外国人的贸易。这种各不相让的夺取欲望，即或不能占有全部，至少也要占有大部贸易利益和占领那些尚未明确势力范围的远方贸易区域，这些利益冲突所激起的愤怒情绪往往导致战争。因此，海权的历史，从其广义来说，涉及了有益于使一个民族依靠海洋或利用海洋强大起来的所有事情。概言之，海权的历史主要是一部军事史。[1]

英国地缘政治学家麦金德于 1904 年发表了著名的《历史的地理枢纽》一文。他在文中阐释并推进了海权与陆权相对立的地缘政治理论。[2]麦金德认为，世界历史从根本上说就是陆上国家与海上国家反复争夺的历史。而陆上力量的中心即所谓的"历史中的地理枢纽"，就是欧亚大陆的中央，大致相当于苏联的领土范围。与马汉相似，麦金德将世界历史看作一部欧洲史，同时也是一部海洋势力与游牧部落斗争的历史，这些游牧部落来自中亚和俄罗斯中部的大片陆地，即麦金德

---

[1] Alfred Thayer Mahan, *The Influence of Sea Power upon History*, Marston & Co., 1890, p.1.

[2] Halford J. Mackinder, "The Geographical Pivot of History".

所谓的"地理枢纽"（pivot），或曰"心脏地带"（heartland）。①
与马汉、斯皮克曼不同，麦金德强调陆权的优势，认为随着
铁路线的建立，"心脏地带"的战略优势将逐步增加，从而成
为地缘大棋局中的主导性力量。他认为，通过内陆交通运输
线的建设，特别是铁路建设，陆权可以比海权动员更多的资
源，从而使力量的天平向陆权倾斜。麦金德的理论可以概括
为三句话：

> 谁控制了东欧，谁就控制了心脏地带；
>
> 谁控制了心脏地带，谁就控制了世界岛；
>
> 谁控制了世界岛，谁就控制了世界。②

在麦金德看来，海上力量为了保持对陆上力量的优势地
位，或者说，为了维护第一次世界大战之后形成的世界格
局，一个关键性因素就是必须阻止"心脏地带"被某一个统
一的力量中心所控制，实际上这就是要阻止德国和俄国可能
的联合。麦金德希望通过凡尔赛体系在这两个大陆国家之间
创造出一系列的"缓冲国"：白俄罗斯、乌克兰、南俄罗斯、

---

① 在 1919 年的《民主的理想与现实》一书中，麦金德将"枢纽地带"的地
理范围进一步扩大，囊括东欧和西伯利亚，即为"心脏地带"。

② Halford J. Mackinder, *Democratic Ideals and Reality: A Study in the Politics of Reconstruction*, Constable, 1919, p. 194.

格鲁吉亚和亚美尼亚。还应指出，虽然麦金德看到了"大陆心脏"西移的趋势，但在其心目中，俄国，特别是"十月革命"之后的俄国，仍然是对海上力量的一个主要威胁。麦金德曾于 1919 年被任命为英国驻南俄罗斯的高级专员，他在报告中写道：随着"一个新的无产阶级的俄罗斯沙皇帝国的兴起"，布尔什维克主义将像燎原大火一般向印度席卷而去，从而创造出一个对民主国家而言非常不安全的世界。①

在第二次世界大战接近尾声之际，又出现了新的地缘政治形势：一是美国和英国实力此消彼长，二是美国参与第二次世界大战，主要敌人是德国和日本。美国学者尼古拉斯·斯皮克曼敏锐地捕捉到了这些变化，并据此改进了麦金德的"心脏地带说"。他认为，大国在欧亚大陆上争夺的关键地带并不是所谓的"心脏地带"，而是"边缘地带"。②"边缘地带"处于陆地和海洋的边缘，夹在陆权和海权中间，同时也是资源富集的地方。"边缘地带"具体包括欧洲沿海地区、阿拉伯中东沙漠地带和亚洲季风区。在亚洲季风区，"边缘地带"还可以细分为印度及印度洋沿岸、中国及中国沿海地带。与麦金德相似，斯皮克曼也从马汉那里继承了陆权与

---

① 见麦金德爵士关于南俄罗斯局势的报告，内阁报告第 24、97 页。转引自 Geoffrey Sloan, *Geopolitics in United States Strategic Policy, 1890–1987*, Palgrave Macmillan, 1988, p.13。

② Nicholas Spykman, *The Geography of the Peace*, New York: Harcourt, Brace & Co., 1944.

海权分立的两分法，将"边缘地带"视为"可争夺的地带"（debatable zones），是陆权与海权角逐的区域（见图 1-1）。同样的逻辑使得索尔·科恩也认为，这些地缘战略地区和资源富集区（即斯皮克曼的"边缘地带"地区）是纷争频仍的"破碎地带"（shatter belts）。[1] 斯皮克曼的理论可以概括为两句话：

> 谁支配着边缘地带，谁就能控制欧亚大陆；
>
> 谁支配着欧亚大陆，谁就掌握世界的命运。[2]

由马汉、麦金德和斯皮克曼等人阐述的古典理论，为当

图 1-1

来源：沈伟烈主编：《地缘政治学概论》，国防大学出版社 2005 年版，第 150 页。

---

[1] Saul Cohen, *Geography and Politics in a World Divided*, Random House, 1963, pp. 83–86.

[2] Nicholas Spykman, *The Geography of the Peace*, p.42.

今西方地缘政治思想设立了基本框架，成为西方地缘战略制定者的主要指导思想。尽管从 19 世纪末到冷战结束世界政治格局发生了重大变化，但古典地缘政治思想中的陆权与海权争斗的二元论思想，依然主导着西方看世界的方式，在这种观念下，大国争夺"边缘地带"被视为恒久的利益。

第二节　古典地缘政治理论之批判与创新

西方古典地缘理论对地缘政治实践的解读，可能会走向"自我实现的预言"，对未来国家间关系产生负面影响，因而我们不应陷入古典地缘政治理论的陷阱中去。

具体而言，西方地缘政治想象存在三方面的问题：第一，古典地缘政治学的分析视角过分强调权力与竞争。[①] 与现实主义理论一样，古典地缘政治理论注重权力与控制。无论是马汉的"海权论"、麦金德的"心脏地带说"，还是斯皮克曼的"边缘地带"理论，都主张用军事力量对某一战略要地实施有效的控制，以此带来国家间权力地位的变迁。以权力为核心的分析视角会带来两方面的弊端：一是对权力本身的过度追逐势必会引发"安全困境"，增加对抗与冲突风险；二是对权力主体的过度关注会造成民族主义和大国中心主义

---

① 胡志丁、陆大道：《基于批判地缘政治学视角解读经典地缘政治理论》，《地理学报》2015 年第 6 期。

的趋向。这种以对抗冲突为核心的思维模式，将其他国际事务参与者全都当成自己的竞争对手或潜在敌人，只有自己进占卡位，控制战略要地，国家安全与利益才能得到保障。即便如此，这种保障也只是暂时的，为了获得更长久的安全，还需要对潜在敌人进行遏制，以保持自己的绝对优势。而且，西方古典地缘政治理论都是从大国出发立论，尤其是从西方资本主义强国的角度，公然论述如何通过占领、控制那些战略要地从而取得优势，无视小国的利益诉求。这种零和思维与霸权主义，以扭曲的方式反映了现实政治斗争的图景①，其实是西方中心论自觉或不自觉的体现，但过于简单化的斗争逻辑显然已经不能够反映世界局势的新趋势、新变化。

第二，古典地缘政治理论是"国家中心主义"的，而且是以西方发达国家为中心。在西方地缘政治想象中，领土化的民族国家是参与世界竞争的基本单位，国家被定义为单一的行为体，是地缘政治的主要施动者。② 这种以本国、本民族为中心的地缘政治战略和实践，易于催生民族主义情绪，加剧国家间的竞争和冲突。

第三，古典地缘政治理论强调海权与陆权的截然对立。我们知道，麦金德的"心脏地带说"曾被广泛接受，用以支

---

① 叶自成：《地缘政治与中国外交》，北京出版社 1998 年版，第 82 页。

② John Agnew, *Geopolitics: Re-visioning World Politics*, p.54.

持英、美等国的地缘战略，但他的理论模型是静态的，突出的是基于欧亚大陆板块在地球上的物理位置而形成的相对"地缘战略优势"。在这样的认知基础之上，世界被划分为陆权和海权，欧亚大陆被赋予特殊重要性。麦金德认为，俄国西伯利亚铁路的建设，将会创造一个广阔的陆上经济世界，在 20 世纪结束以前，整个亚洲将会布满铁路。而在俄罗斯和蒙古国境内的空间是如此巨大，它们在人口、小麦、棉花、燃料和金属方面的潜力也是海洋世界所无法比拟的。麦金德笔下的陆上世界与海洋世界彼此分隔，且一旦建立陆上经济世界，远洋通商将被挡在门外。[1] 麦金德坚定地认为，俄罗斯充分发展现代铁路的机动性只是一个时间问题。[2] 他预测，枢纽国家向大陆边缘的扩张，将使力量对比发生反转，使它能够利用巨大的大陆资源来建立舰队，建立世界帝国指日可待。如果德国与俄国结盟，这种情况就可能发生。[3]

我们不得不承认，在古典地缘政治理论强大的意象面前，迄今尚无与之相匹敌的地缘政治学理论。多年来，一些

---

[1] [英]麦金德：《历史的地理枢纽》，周定瑛译，陕西人民出版社 2013 年版，第 10 页。

[2] [英]麦金德：《历史的地理枢纽》，周定瑛译，陕西人民出版社 2013 年版，第 10 页。

[3] [英]麦金德：《历史的地理枢纽》，周定瑛译，陕西人民出版社 2013 年版，第 10 页。

西方学者以批判地缘政治学为武器，一直在挑战传统地缘政治学，但由于批判地缘政治学的旁观者视角，"只破不立"，西方地缘政策界只能接受古典理论的指导。在国内，学者们也一直在尝试打破西方古典地缘政治理论的垄断地位：一是挑战西方古典地缘政治理论的前提假设，认为随着形势的变化，这些前提假设已经不再适用。[①]

二是认定中国的地缘政治思想有着自己源远流长的历史发展进程，形成了自身的风格和特色，在许多方面并不比西方理论逊色。[②] 在这方面，叶自成作出了很重要的开拓性研究，他认为中国特色的地缘政治学在起源上自成体系、自成一家。中国的地缘政治思想强调与周边国家的和平共处，强调把自己的安全界定为他国不对自己构成直接的威胁，而西方则强调扩大生存空间和势力范围。[③] 中国历史上就提出过和平地缘论，如墨子的"非攻兼爱论"。中国历代占主导地位的思想是军备不可无、战不可不打、兵不可不养，但都认为兵者乃不祥之器，不得已而用之，认为乐战者亡，主张慎

---

① 苏浩：《地缘重心与世界政治的支点》，《现代国际关系》2004 年第 4 期；陆俊元：《论地缘政治中的技术因素》，《国际关系学院学报》2005 年第 6 期；陆俊元：《新地缘政治结构理论探索》，《国际关系学院学报》2008 年第 5 期；倪世雄等：《我国的地缘政治及其战略研究》，经济科学出版社 2015 年版；曾向红：《"一带一路"的地缘政治想象与地区合作》，《世界经济与政治》2016 年第 1 期。

② 叶自成：《地缘政治与中国外交》，第 14—15 页。

③ 叶自成：《地缘政治与中国外交》，第 9—12 页。

战、少战。[①]

三是改造重商主义的地缘经济学，代之以合作开放、互利共赢的新地缘经济学。在一些西方学者眼中，地缘经济学只是地缘政治学的经济版，其核心依然是国家间的竞争与冲突。用爱德华·勒特韦克（Edward N. Luttwak）话来说，地缘经济是"冲突的逻辑与商业方法的混合"，或者说是"用商业语法书写的克劳塞维茨的战争逻辑"。[②] 爱德华·勒特韦克甚至预言，"在地缘经济时代，资本、市场渗透、产业和投资政策取代了军队、基地与驻军、战略核武器。因而美国面临的核心政策问题是建立地缘经济优势力量，过去靠武力获取的东西，现在必须靠发挥经济威力来保持"[③]。由此可见，以卢特瓦克代表的这一派现实主义的地缘经济理论，并未脱离地缘政治学的框架，只不过是将冲突逻辑由高政治领域的外交与军事转向低政治的经济领域。欧美地缘经济学以寻求世界政治经济主导权、控制权为宗旨，与地缘政治学追求霸权的本质是一致的、一脉相承的。而这种以对抗、控制与遏制为特征的冷战式思维和基于等

---

① 叶自成:《地缘政治与中国外交》，第 257—259 页。

② Edward N. Luttwak, "From Geopolitics to Geo-Economics: Logic of Conflict, Grammar of Commerce", *The National Interest*, 1990. 转引自 Gearoid Ó. Tuathail, et al.（eds.），The Geopolitics Reader, p.126。

③ 李正等:《欧美地缘经济理论发展脉络及其内涵特征探析》，《世界地理研究》2014 年第 1 期。

级制的"中心—边缘"经济结构，显然已滞后于新世纪的发展需要。但有必要指出，这种现实主义的地缘经济思维依然被西方地缘政治精英运用于对"一带一路"倡议的解读当中。未来在处理中国与"一带一路"沿线国家和地区战略对接、与区域组织协调合作的过程当中，有必要以平等、开放、合作、共赢、发展的新思维缓解现实主义地缘经济思维所可能引发的地缘竞争与冲突。具体而言，中国应坚持共商、共建、共享原则①，在全球化和区域合作背景下，加大公共产品的提供力度，推动与沿线各国发展战略的对接。

四是探索有中国特色的地缘政治学。西方古典地缘政治理论这种历史形成的地缘想象，随着西方强权的全球扩张，已经成为地缘政治理论的"正统"，造成全球性的思想垄断。如果不打破这种垄断，就无法从根本上颠覆这种西方地缘想象。而要做到这一点，需要各地区、各国根据自身的历史、地理条件提出有各自特色的地缘政治观。对此，中国学者已经进行了大量理论尝试和思考，如倪世雄、潜旭明提出的合作共赢的"新地缘政治"②；潘忠岐提出综合、多层次、由近

① 国家发展改革委、外交部、商务部：《推动共建丝绸之路经济带和 21 世纪海上丝绸之路的愿景与行动》，2015 年。
② 倪世雄、潜旭明：《新地缘政治与和谐世界》，《清华大学学报》2008 年第 5 期。

及远的地缘战略[①]；苏浩也提出"地缘重心论"，主张各个地缘重心国之间应该在相互尊重的基础上进行协调与合作，建构一个稳定的世界秩序，维持人类的长久和平与繁荣[②]。构建中国特色的地缘政治学，提出中国自己的地缘政治观，关键是要中西合璧、融会贯通。一方面要吸取西方地缘政治学中的合理成分，扬弃不足，特别是要看到人类进入 21 世纪后，和平、发展、合作、共赢已成为新时代的主题；另一方面要吸收中国古代地缘政治思想和政策实践中的精华，并对其进行现代化改造。应挖掘中国传统地缘政治思想中和平、包容、和谐的一面，突出"和平合作、开放包容、互学互鉴、互利共赢"的丝绸之路精神，从大历史的高度和视角，大力开展地缘政治理论创新。在此基础上，加强各国间地缘政治理论与政策对话，寻求中西方以互利共赢、自由开放为基础的认知共识，增进互信，减少误判，规避冲突。

---

① 潘忠岐：《地缘学的发展与中国的地缘战略——一种分析框架》，《国际政治研究》2008 年第 2 期。
② 苏浩：《地缘重心与世界政治的支点》。

第二章

铁路的地缘政治

所谓"铁路的地缘政治",是指铁路建设面临的和引发的地缘政治博弈。所谓铁路"引发的"地缘政治,就是一国政府或铁路公司通过铁路建设和铁路"走出去",对海外特定地理空间的开发、塑造、竞争或控制,造成该地区既有地缘利益结构发生变化而引发的国际政治博弈或风险。铁路地缘政治的形成离不开当时所处的时代背景。而在特定时代背景下,铁路地缘政治形成的原因主要包括:国家间铁路战略(规划)竞争、大国间的地缘战略竞争(海权力量与陆权力量的斗争、地理敏感地带引发的博弈)、铁路地缘经济竞争等。

根据铁路地缘政治形成的时代背景,铁路地缘政治的历史可以分为五个时期:铁路的民族主义时期(19世纪40—70年代)、铁路的帝国主义时期(19世纪70年代至第一次世界大战）、铁路发展的大分流时期（第一次世界大战至 20 世纪 60 年代）、铁路的新自由主义时期（20 世纪 60 年代—21 世纪初）、铁路地缘政治回归时期（21 世纪初至今）。铁路地缘政治博弈的应对办法有民族主义、帝国主义、自由主义三种范式，中国需要根据时代背景和中国自身历史和条件，予以扬弃，采取"新发展主义"的铁路地缘经济战略。

第一节　铁路的地缘政治——
提出一个分析框架

铁路是第一次工业革命的代表。19 世纪初英国发明铁路，19 世纪后半叶铁路技术扩散到欧洲和美洲大陆。铁路的兴建，对于德国、美国等国家而言，就是其建国和国家统一的过程。但随着帝国主义时代的来临，铁路扩张也沦为帝国主义争霸的工具。德国兴建巴格达铁路，与英国兴建的"3C铁路"（开普敦—开罗—加尔各答）形成激烈竞争之势。在一定程度上，巴格达铁路是第一次世界大战的导火索之一。由此可见，铁路扩张在特定时代背景下，易引发地缘政治冲突，成为世界政治的"易燃物"，甚至与大国兴衰相伴随。

一、铁路的地缘政治：概念厘清与文献梳理

目前跟铁路地缘政治相关的研究，总体可分为两大类：

第一类是铁路史的研究，第二类是有关交通基础设施的地缘政治研究，包括铁路的地缘政治。

首先是铁路史研究。这类研究着重记录了铁路作为一项技术和一个产业的发展历程，关注其带来的社会经济变化，通常以某一国家和地区的铁路发展史作为研究对象。英国铁路史作家克里斯蒂安·沃尔玛尔（Christian Wolmar）的诸多作品即是一例。沃尔玛尔的《铁路大革命》（*The Great Railroad Revolution*）、《通向世界尽头》（*To the Edge of the World*）、《铁路与拉杰》（*Railways and the Raj*）分别讲述了美国、俄罗斯西伯利亚和印度的铁路发展史。此外，墨西哥史研究学者特蕾莎·范霍伊（Teresa Van Hoy）的《墨西哥铁路社会史》（*A Social History of Mexico's Railroads*）则记载了当地铁路发展过程中外资方、官员和居民之间的不同需求和互动。另外，沃尔玛尔的《钢铁之路：技术、资本、战略的 200 年铁路史》（*The Iron Road*）以综合的视角梳理了铁路在全球的发展史，其《战争发动机》（*Engines of War*）探讨了铁路给战争诸多方面带来的革命性的变革。德国社会学学者沃尔夫冈·希弗尔布施（Wolfgang Schivelbusch）的《铁道之旅：19 世纪空间与时间的工业化》从社会生活的微观角度考察了铁路发展如何通过转变人们的时空观念而改变了人们的日常生活和社会意识。还有就是对柏林—巴格达铁路的历史研究，有学者着重强调了英、德两国在巴格达铁路议题上的利益冲突以及铁路修建过程中两国的博弈[①]，也有研究着重于探讨巴格达铁路对德国带来的经济外交利益[②]。在上述的研究中，铁路史研究跨越不同的历史时期，具有广阔的视野，并且对铁路建设背后的政治博弈亦有涉猎，提供了诸多史料，但理论化不足，也缺乏与地缘政治的有机结合。

其次是交通基础设施的地缘政治研究。理查德·诺尔斯（Richard Knowles）通过对多种交通方式的经济效益、环境外部性、社会可及性等多方面的历史性分析说明交通革命在地理上的不均衡发展及其带来的社会、经济进步差异。[③] 拉古拉曼（Raguraman）对航空管制史和新加坡的案例分析表明航空规则的制定受到国家力量的深刻影响，并且航空航线也成为民族认同的重要工具。[④] 19 世纪末 20 世纪上半叶战

---

① 徐蓝：《试论围绕巴格达铁路修筑的英德之争》，《北京师院学报（社会科学版）》1985 年第 6 期。

② 唐承运、刘亚臣：《巴格达铁路——德意志帝国向东方推进的重要工具》，《世界历史》1994 年第 4 期；王健：《试论 19 世纪末 20 世纪初德国对中东的经济渗透》，《史林》1990 年第 2 期。

③ Richard Knowles, "Transport Shaping Space: Differential Collapse in Time-space", *Journal of Transport Geography*, Vol. 14, No.6 (2006), pp. 407–425.

④ K. Raguraman, "Capacity and Route Regulation in International Scheduled Air Transportation: A Case Study of Singapore", *Singapore Journal of Tropical Geography*, Vol. 7, No. 1 (1986), pp. 53–67; K. Raguramann, "Airlines as Instruments for National Building and National Identity: Case Study of Malaysia and Singapore", *Journal of Transport Geography*, Vol. 5, No. 4 (1997), pp. 239–256.

争时期的交通基础设施研究经常与地缘战略有关，其中就包括铁路。[1] 例如，马克·杰斐逊（Mark Jefferson）的研究表明，不同国家和地区的铁路分布呈现出不同的特征，这往往又和本国所处的地缘环境有关。[2] 西欧的铁路地理分布夹在西班牙和俄罗斯中间，出现明显的铁路衔接断裂，轨距不同是一个重要原因。西班牙有意采用与法国不同的轨距，俄罗斯则有意采用跟德国不同的轨距，并导致夹在德国、俄罗斯和奥地利之间的波兰铁路系统支离破碎，处境艰难。此外，成触角状的跨西伯利亚大铁路、巴格达铁路和北非铁路则分别象征俄罗斯、德国和法国向其非传统势力范围扩张的尝试。再如，英国地理学家麦金德（Halford John Mackinder）认为，海洋交通所不能企及的欧亚大陆中央广阔草原地带是世界政治的枢纽地区，若修建发达的铁路系统，实现枢纽地区的机动性以对抗以海洋势力的船舶机动性，将改变海洋势力与陆上势力的力量对比。[3]

但 20 世纪中叶以后，交通基础设施研究与地缘政治研究就分道扬镳了。正如新加坡国立大学林伟强文章指出，20 世纪上半叶的交通基础设施研究，与地缘战略研究经常是

---

[1] Mark Jefferson, "The Civilizing Rails", *Economic Geography*, Vol. 4, No. 3 (Jul., 1928), pp. 217–231.

[2] Mark Jefferson, "The Civilizing Rails", *Economic Geography*, Vol. 4, No. 3 (Jul., 1928), pp. 217–231.

[3] ［英］麦金德：《历史的地理枢纽》，商务印书馆 2010 年版。

同义词……① 而在第二次世界大战后，这种情况就逐渐消失了。② 当然，这不是说交通基础设施的研究完全忽略了地缘政治，但最多也就是蜻蜓点水而已。事实上，当前交通地理学主要是关注交通建设的经济社会动力、对于发展的贡献③，而没有把交通基础设施与地缘政治看作相互塑造的两个方面。把铁路被动地置于社会经济框架下，只关注社会经济框架对交通建设的影响或交通建设本身产生的影响，而不是把交通看作有效参与地缘政治构成的一环。④ 这种研究路径存在两个问题：一是对交通发展的前提假设过于理性化和单一化，缺少反思性；二是存在忽视阻碍交通空间布局的因素，如国内不同地区竞争交通建设资源等。⑤ 相应地，林

---

① Lin Weiqiang, "Transport Geography and Geopolitics: Visions, Rules and Militarism in China's Belt and Road Initiative and beyond", *Journal of Transport Geography*, Vol.81（2019），p. 1.

② Lin Weiqiang, "Transport Geography and Geopolitics: Visions, Rules and Militarism in China's Belt and Road Initiative and beyond", *Journal of Transport Geography*, Vol.81（2019），p. 2.

③ David Keeling, "Transportation Geography: New Directions on Well-worn Trails", *Progress in Human Geography*, Vol.31, No.2（2007），p. 219; Richard Knowles, "Research agendas in transport geography for the 1990s", *Journal of Transport Geography*, Vol.1, No.1（1993），p. 4.

④ Lin Weiqiang, "Transport Geography and Geopolitics: Visions, Rules and Militarism in China's Belt and Road Initiative and beyond", *Journal of Transport Geography*, Vol.81（2019），p. 2.

⑤ Lin Weiqiang, "Transport Geography and Geopolitics: Visions, Rules and Militarism in China's Belt and Road Initiative and beyond", *Journal of Transport Geography*, Vol.81（2019），p. 2.

伟强提出基于话语、技术和军事力量三个要素的交通地缘政治分析框架，分别对应国家利用跨界流动管理来传播特定愿景、修改制定规则和推进全球军事战略布局，以解读交通建设在服务国家外交政策中的作用。[①] 综上，我们可以看出，铁路的地缘政治研究在第二次世界大战后基本上就停滞了，直到最近才有所改变。造成这种现象的主要原因可能是大战的结束，帝国主义时代的终结，使得世界进入一个总体和平时期，基于海陆对立、零和博弈的古典地缘政治学因为相关性下降，而被"打入冷宫"。

铁路的地缘政治是一个连贯的历史整体，有其内在的历史—地理逻辑。我们需要采用一种较长时段的历史视角，探寻铁路发展背后的历史—地理逻辑，这个历史—地理逻辑是一种超越铁路本身而弥散在社会当中的深层次力量，是一种我们可以称为"时代背景"的约束性条件。铁路的地缘政治就是在这个约束性条件下发生作用。接下来的分析试图结合全球的政治经济活力及其变迁来理解这个约束性条件，并在此基础上提出一个有关铁路地缘政治的理论分析框架。

---

① Lin Weiqiang, "Transport Geography and Geopolitics: Visions, Rules and Militarism in China's Belt and Road Initiative and beyond", *Journal of Transport Geography*, Vol.81（2019）, pp. 1–8.

二、铁路的地缘政治：构建一个长时段、跨学科分析框架

我们尝试采用地缘政治学、国际关系、世界经济、世界史等跨学科的理论视角，构建一个长时段的铁路史分析框架。

（一）什么是铁路的地缘政治？

美国犹他州立大学的科林·弗林特（Colin Flint）将地缘政治定义为"国家之间对地理实体控制权的争夺"，这里的地理实体包括边界、跨界流动的管理、特别经济区、港口以及联通它们的媒介，如公路、铁路、海路和空路。[1] 根据弗林特对地缘政治的定义，铁路的地缘政治就可以定义为"国家之间对铁路及其相关地理实体控制权的争夺"。但这个定义似乎更多强调国际政治对地理实体的影响，而没有充分体现国际政治与地理实体建设两者之间的相互塑造作用。在对铁路地缘政治进行概念化操作时，我们尤其要注意这个相互塑造作用：一方面是铁路建设面临的大国之间的国际政治博弈；另一方面是铁路建设所引发的地缘政治博弈，换言之，铁路作为一种交通基础设施对地缘空间有着深刻的塑造作用，从而引发大国之间的博弈。铁路与国际政治的相互塑

---

[1]　Colin Flint, *Introduction to Geopolitics*（3rd edition）, London and New York: Routledge, 2017, p. 3.

造关系，具体表现为以下三个方面：

一是铁路作为一种运输方式发展的一个必然后果是时空关系的重塑。正如沃尔夫冈·希弗尔布施所指出的，与马车、公路等始生代技术所塑造的时空关系相比，铁路所制造出来的时空关系更为抽象，它并非像马车和公路那样将自己嵌入景观的空间之中，而是将旅途简化为出发地、目的地这样的点，然后直接穿过点与点之间的空间。于是，铁路一方面通过打开新的空间实现了空间的扩展，另一方面又破坏了原有的空间，即点与点之间的空间。[1] 于是，空间缩小了，时间变短了，铁路所经过和联结的地区开始经历"时空压缩"的状况。

二是铁路对一国实力和资源的动员（mobilization）、集中（concentration）、调配（transfer），将显著改变陆权与海权之间的力量对比。英国地理学家麦金德于 1904 年发表了著名的《历史的地理枢纽》一文。他认为随着铁路线的建立，"心脏地带"的战略优势将逐步增加，从而成为地缘大棋局中的主导性力量。他认为，通过内陆交通运输线的建设，特别是铁路建设，陆权可以比海权动员更多的资源，从而使力量的天平向陆权倾斜。[2] 麦金德认为，俄国西伯利亚铁路的

---

① ［德］沃尔夫冈·希弗尔布施：《铁道之旅：19 世纪空间与时间的工业化》，上海人民出版社 2018 年版，第 56—78 页。

② Halford J. Mackinder, "The Geographical Pivot of History".

建设，将会创造一个广阔的陆上经济世界，在 20 世纪结束以前，整个亚洲将会布满铁路。而在俄罗斯和蒙古境内的空间是如此巨大，它们在人口、小麦、棉花、燃料和金属方面的潜力也是海洋世界所无法比拟的。麦金德笔下的陆上世界与海洋世界彼此分隔，且一旦建立陆上经济世界，远洋通商将被挡在门外。[1] 麦金德坚定地认为，俄罗斯充分发展现代铁路的机动性只是一个时间问题。他预测，枢纽国家向大陆边缘的扩张，将使力量对比发生反转，使它能够利用巨大的大陆资源来建立舰队，建立世界帝国指日可待。如果德国与俄国结盟，这种情况就可能发生。[2]

三是铁路的地缘政治和地缘经济效应。铁路的地缘政治拥有两对复合逻辑（double twin-logic）：第一对是财富和权力（wealth-power）的复合逻辑；第二对是领土和金钱（territory-money）的复合逻辑[3]。

1. 财富—权力的复合逻辑。指的是财富和权力之间的共生和互动关系。铁路产生财富，国家追求权力；铁路需要国家力量的保护才能发展，而国家需要铁路产生的财富才能生存和扩张。

---

① ［英］麦金德：《历史的地理枢纽》，周定瑛译，陕西人民出版社 2013 年版，第 10 页。

② ［英］麦金德：《历史的地理枢纽》，周定瑛译，陕西人民出版社 2013 年版，第 10 页。

③ 本书中的金钱和财富是同义词。

2. 领土—金钱的复合逻辑。在铁路的地缘政治实践中，行为主体可以分为经济（如企业）和政治（如国家的外交政策精英）两类。地缘政治实践存在两个提升权力的途径：一个途径是国家行为体青睐的领土战略，通过控制更多领土提升权力，可概括为"T—M—T"战略（"T"是 territory，即领土，"M"是 money，即金钱）。[①] 另一个途径是企业青睐的经济战略，通过赚取利润和加强对生产和金融资产的控制来增强权力，可概括为"M—T—M"战略。[②] 阿瑞吉提出这两个路径时，认为二者形成了鲜明的对比；领土战略的目标是创造帝国，经济战略的目标是建立和保持资本主义世界的经济实力。[③] 后来，他将它们视为相互作用和相互支持的战略："历史上，在一个既定的时空背景下，大国的经济和领土逻辑并非相互孤立，而是相互作用。因此，实际结果可能完全脱离每个战略原有的内涵。"[④] 总之，阿瑞吉提出的获得权力的两个途径扩大了地缘政治一词的概念范围。地缘政治不仅是国家间竞争的政治过程，而是涉及经济与政治、领土和经济战略的组合。

---

① Giovanni Arrighi, The Three Hegemonies of Historical Capitalism, *Review*, Vol.13, No.3（1990），p.372.

② Giovanni Arrighi, The Three Hegemonies of Historical Capitalism, *Review*, Vol.13, No.3（1990），p.372.

③ G. Arrighi, *The Long Twentieth Century*, New York: Verso，1994.

④ G. Arrighi, *The Long Twentieth Century*, p.34.

据此，我们对铁路的地缘政治提出一个新的定义，即铁路的地缘政治指的是铁路面临的或引发的地缘政治。就前者而言，铁路的地缘政治指的是因国家间竞争而给铁路建设带来的地缘政治障碍和潜在风险；就后者而言，铁路的地缘政治指的是将铁路作为工具，所引发的财富、权力和领土之间的互动和转化，具体包括财富和权力（wealth–power）、财富和领土（wealth–territory）、权力和领土（power–territory）之间的互动和转化。因此，在不同的历史时期，铁路可以成为建国、立国、强国、国家崛起甚至帝国扩张的工具，而铁路的地缘政治就具有鲜明的时代特征，因国家兴衰、时代变迁而发展出不同的内容，形成不同类型的铁路发展模式、铁路战略规划和铁路国际秩序。

（二）如何理解铁路地缘政治的时代变迁？

如果我们将铁路放在具体的历史环境下分析就会发现，铁路的出现并非偶然。铁路所反映的时空关系正是它所出现的时代的政治经济活力所需要的。18 世纪 60 年代英格兰地区开始的资本主义工业革命用机器取代了人力，以大规模工厂化生产取代个体和小规模工场手工生产，受益于蒸汽机的发明和运用，生产力有了质的飞跃。蒸汽机的使用不仅为铁路运输提供了新的动力，同时产生了大量的钢铁、煤矿需求，而矿区正是最初铁道密集使用的地区，因此也为铁路的使用提供了市场。不仅仅是货物运输，铁路还有广阔的客运需求，比如运送铁路沿线的工人和往返度假地的旅客。

因此，铁路的发展与资本主义的发展有着密切的联系。资本主义的发展催生了铁路运输，而铁路运输的发展又反过来推动了资本扩张和商品流通，铁路是资本主义发展的重要载体。不仅如此，当铁路与资本主义的这一密切关系与主权国家相结合时，又会产生不同的地缘政治后果。在早期资本主义扩张与西欧主权国家对外扩张需求相重合的时候，铁路亦充当了主权国家扩张的推手，同时也可能成为国家之间矛盾和战争的导火索；而战后，尤其是冷战结束后，在一系列国际政治格局变化下，铁路、资本主义和主权国家之间也形成新的张力，并在一定程度上重塑了地缘政治的生成机制。

由此可见，铁路发展与资本主义、国际政治格局变化有着密切关系，也就是说，与其所处的时代有密切的关系。这个时代背景的内涵就是世界经济和国际政治，以及两者之间的相互塑造。具体而言，在理解时代背景时，我们使用的是世界经济长周期和霸权周期相结合的复合视角。[①]

（三）铁路的地缘政治：提出一个理论分析框架

据此，我们将铁路史与铁路地缘政治的文献梳理相结合，创造性地构建一个理论分析框架。这个分析框架应该

---

① Colin Flint, Zhang Xiaotong, "Historical-Geopolitical Contexts and the Transformation of Chinese Foreign Policy", *Chinese Journal of International Politics*, Vol.12, No.3（2019），pp.295–331.

包含这样三个要素：一是时代背景，即铁路建设、发展、扩张、衰落发生的时代背景，这个时代背景的内涵就是世界经济长周期（康德拉季耶夫长周期，以下简称"康波周期"）和霸权周期，及其两者之间的相互塑造；[①] 二是地缘政治战略、地缘政治规划、国家的地缘政治行动和国家的地缘政治准则（geopolitical codes）[②]，这些是国家的行为；三是国家间的战略互动、战略竞争和观念竞争，[③] 这是国家间的互动。

1. 关于时代背景

我们使用的是世界经济长周期和霸权周期结合的复合视角（见图 2–1）。我们首先解释一下什么是康德拉季耶夫长周期。康德拉季耶夫长周期是苏联经济学家尼古拉·康德拉季耶夫（Nikolai D. Kondratieff, 1892—1938）提出的一种为期 48—60 年的经济周期。康德拉季耶夫在 1925 年发表的《经济生活中的长期波动》一文中，运用英国、法国、美国和德国等主要资本主义国家的价格、利率、进口额、出口额、煤炭和生铁产量等时间序列统计资料对经济发展的长波进行了实证研究。通过研究，康德拉季耶夫认为资本主义经

① Colin Flint, Zhang Xiaotong, "Historical-Geopolitical Contexts and the Transformation of Chinese Foreign Policy".

② Colin Flint, Zhang Xiaotong, "Historical-Geopolitical Contexts and the Transformation of Chinese Foreign Policy".

③ Lin Weiqiang, "Transport Geography and Geopolitics: Visions, Rules and Militarism in China's Belt and Road Initiative and Beyond".

	I		II		III		IV		V		VI	
	A	B	A	B	A	B	A	B	A	B	A	B

先进地区 英国（I-A）
重组：扩散到相邻大陆（I-B）
先进地区 英国为世界工厂（II-A）
重组：美国和德国的崛起（II-B）
爱德华王朝时期的发展（III-A）
大萧条时期的发展停滞（III-B）
第二次世界大战后（IV-A）
20世纪70年代美国经济滞胀（IV-B）
互联网（V-A）
"大萧条"？（V-B）
第四次工业革命？（VI-A）

维多利亚40年代的发展（II-A）
维多利亚萧条期的发展停滞（II-B）
航空（IV-A）
生物技术（V-A）
人工智能 3D打印 绿色科技？（VI-A）

第一次工业革命时期的发展停滞（I-A）
"19世纪40年代饥荒"期间的发展停滞（I-B）
煤气、电力（III-A）
电子（IV-A）
经济民族主义（V-B）

钢铁（II）
蒸汽船（II-B）
自由制度主义（IV-A）
新自由主义（V-A）

纺织业（I-A）
蒸汽动力（I-A）
铁路（I-B）

先进地区 美国 德国（III-A）
重组：发达国家内部（III-B）
先进地区 美国（IV-A）
重组：日本和西德的崛起（IV-B）
先进地区 美国 欧盟（V-A）
重组：中国和印度的崛起（V-B）
先进地区 中国？ 美国？ 欧洲？（VI-A）
欧洲的衰落？ 反全球化、民粹主义（V-B）

1780/90　1820/25　1848/52　1870/75　1893/96　1914/20　1940/45　1967/71　1986/91　2005/2008　2025/30　2050/55　2070/80

图2-1　康德拉季耶夫长周期与霸权周期演变

来源：Colin Flint, Peter Taylor, *Political Geography: World-Economy, Nation-State and Locality*（7th Edition），London and New York: Routledge, 2018. 笔者根据书中相关图表制作。

注：关于长周期的时间界定，由于不能完全确定长周期及其各阶段的具体起止时间，因而通过如"1780/90"这一形式来代表一个时间跨度或者说过渡期，下文同；图中问号主要表达对该阶段特征或趋势的一种猜测。

济发展过程中存在着长度为48—60年、平均为50年的长期波动。①

　　世界经济长周期与霸权兴衰有很强的联动性：第一，世界经济长周期的变化导致大国力量对比的变化。作为世界第一大经济体，霸权国的经济周期与世界经济长周期的节拍是一致的。在世界经济长周期的萧条阶段（B阶段），围绕经济资源，国家间、国家内部不同利益团体间的争夺会加剧，从而导致战争与革命。康德拉季耶夫本人认为，经济的长期

---

① ［苏］尼古拉·康德拉季耶夫：《经济生活中的长期波动》，李琮译，《国际经济评论》1979年第7期。

波动，导致了技术的改变、战争和革命、新的国家被纳入世界经济。[①] 第二，由于推动世界经济长周期变化的重要动因是科技创新，因此为留在中心位置，守成大国与崛起国围绕科技进行激烈竞争。从英美霸权历史来看，自由国际秩序允许并鼓励科技跨国界流动，因此后起国可以实施赶超战略，最终导致中心—边缘国家位置的易位。以美国为例，第二次世界大战期间形成的制造业给美国带来战后的繁荣，创造了高工资和高消费。但这些核心、高端的生产流程（core processes）逐渐向边缘地带转移，随着赶超国家的崛起以及世界经济进入萧条的 B 阶段，制造业的流失无法支撑高工资的劳动力，因而也无法支撑高消费。[②] 与此同时，一些原先的边缘国家逐渐成为新兴经济体和崛起国，获得了新的制造业。

2. 关于地缘政治战略、规划和准则

弗林特用"地缘政治准则"（geopolitical codes）来形容地缘政治行为体在与外部交往时依据的一系列政治地理假设和考量。[③] 这些假设和考量包括：

[①] ［苏］尼古拉·康德拉季耶夫：《经济生活中的长期波动》，李琮译，《国际经济评论》1979 年第 7 期。

[②] Colin Flint, Xiaotong Zhang, "Historical-Geopolitical Contexts and the Transformation of Chinese Foreign Policy".

[③] C. Flint, *Introduction to Geopolitics*, 3rd edition, London and New York: Routledge, 2016a, pp. 52–53.

（1）现存的和潜在的盟友；

（2）现存的和现在的敌人或威胁；

（3）用以维系盟友和发展新盟友的多种或相互关联的手段；

（4）用以处理现存和潜在威胁的多种或相互关联的手段，以及向国内外受众展示这些选择并换取后者支持、沉默或压制异议的方式。

简而言之，地缘政治准则就是对自身利益的定义、对威胁其利益的外部存在的认知和对这些威胁的回应及其辩护。① 国家的地缘政治战略和规划正是基于这一系列的认知，因此根植于其所处的政治经济环境。这一政治经济环境是长期历史变迁的结果，是这一过程中生成的加诸各国的结构。以伊曼纽尔·沃勒斯坦（Emanuel Wallerstein）为领军人物的世界体系理论为理解世界政治经济和社会变迁提供了一个有效的视角，并且与康德拉季耶夫长周期和世界霸权的更迭有诸多相通之处。世界体系理论沿袭马克思主义传统，从资本主义历史发展的角度观察现行世界经济。和其他将每个国家和社会割裂开来看待的途径不同，世界体系理论试图将国家的经济发展想象整合进一个有机的资本主义政治经济发展过程当中，注重不同发展阶段的国家之

---

① Colin Flint, Peter J. Taylor, *Political Geography: World Economy, Nation-State and Locality*（7th edition），London and New York: Routledge, 2018, p. 51.

间的权力结构，并将经济运动的地理结构抽象为"中心—边缘"关系。[①] 世界体系理论认为，资本主义经济建立在无休止的资本积累上，通过贸易获取利润，并分化出世界范围内的劳动分工，一部分"核心"地区从事高附加值和高利润的生产，并产生高工资和高消费；另一部分"边缘"地区则从事低附加值和低利润的生产，人们拿着低额工资，进行低消费。由此，世界体系理论将一国内部的社会经济变化纳入世界范围内的政治经济变迁，作为霸权国的英国和美国的衰落也不仅仅是一个"英国现象""美国现象"，而是更广阔世界体系进程的一部分。当然，"核心—边缘"地区的划分并不完全与国界重合，即使是在一国内部也存在类似分化。

弗林特和张晓通认为，地缘政治世界秩序稳定期和地缘政治转型期是理解外交政策的两个重要时期。[②] 在世界秩序稳定的时期，霸权国家主导制定的国际准则和规范大体成形并制度化，国家间在此基础之上进行稳定有效的互动。各国基于相对稳定的世界政治环境考虑和制定外交政策。在地缘政治转型期，霸权国家相对实力衰退，通常伴随着其霸权在全球的战略收缩，引领和制定国际议程的能力下降，长期以

---

① ［美］伊曼纽尔·沃勒斯坦：《历史资本主义》，社会科学文献出版社1999年版。

② Colin Flint, Zhang Xiaotong, "Historical-Geopolitical Contexts and the Transformation of Chinese Foreign Policy".

来以其政治经济和军事实力为支撑的国际制度开始松动，导致国际环境稳定性的下降，处于地缘政治转型区域的国家在制定外交政策和战略的时候就会有更多的考量。

3. 关于国家间的战略互动、战略竞争和观念之争

正如前文所分析的，国家外交政策的制定是基于其对世界秩序及其所处的地缘政治的认知而决定。不同的国家对地缘政治和世界秩序的认知和愿景不同，因此可能存在不同程度的对立和分歧。

美国政策界的主流观点源于古典地缘政治传统。这一传统以马汉的"海权论"为开端，经由麦金德的"心脏地带说"，最后到斯皮克曼的"边缘地带说"。马汉的"海权论"与他担任海军部长的经历和视角有关，这一理论强调制海权尤其是对于具有重要战略意义的狭窄港道的控制对国家力量至关重要的影响，因此他力主美国建立一支强大的海军，并在全球范围内建设海军基地。[①] 类似地，麦金德的"心脏地带说"将世界历史看作一部海洋势力与游牧部落斗争的历史[②]，将马汉"海权论"中海权与陆权的对立又往前推进了一步，并认为保持海权对陆权的优势的关键在于防止东欧"心脏地带"被单一力量中心所控制。第二次世界大战结束后，斯皮克曼根据新的地缘形势改进了麦金德的"心脏地带说"，认

---

① [美] 马汉：《海权论》，华中科技大学出版社 2016 年版。
② [英] 麦金德：《历史的地理枢纽》，商务印书馆 2010 年版。

为陆权与海权争夺的关键并不在"心脏地带",而在包括欧洲沿海地区、阿拉伯中东沙漠地带和亚洲季风区的"边缘地带"。[①] 不管哪种学说,都贯穿着陆权和海权二元对立的主线,并认为竞争和冲突不可避免。

此外,历史上,国家会通过追求特定的技术发展和管制来改善自身地缘政治地位[②],例如,大卫·巴特勒(David Butler)通过对 1910—1928 年间的三次国际航空会议英国、美国、德国和法国的参会情况研究发现,如果一国航空技术尚未成熟,则会限制他国准入;如果该国相较于其商业和军事对手具有较为成熟的航空技术,则会追求自由的航空政策以争取在他国市场上的比较优势。由此可见,国际规则的争夺也是一种类型的地缘政治。[③] 这在铁路的地缘政治中也有体现。

---

① [美] 尼古拉斯·斯皮克曼:《和平地理学——边缘地带的战略》,上海人民出版社 2016 年版。

② 例如,David Butler, "Technogeopolitics and the Struggle for Control of World Air Routes, 1910–1928", *Political Geography*, Vol.20, No.5(2001), pp.635–658. 通过对 1910—1928 年间的三次国际航空会议英国、美国、德国和法国的参会情况研究发现,如果一国航空技术尚未成熟,则会限制他国准入;如果该国相较于其商业和军事对手具有较为成熟的航空技术,则会追求自由的航空政策以争取在他国市场上的比较优势。K. Raguraman, "Capacity and route regulation in international scheduled air transportation: a case study of Singapore". 发现,有的航空线路未开辟并非因为缺少经济需求,而可能是国家限制供应的结果。

③ [英] 科林·弗林特:《亚洲的地缘政治竞争与不可避免的战争:世界体系视角下的历史教训》,刘鹏译,《印度洋经济体研究》2017 年第 1 期。

第二节　铁路地缘政治史的历史分期

在上一节的基础上，我们依据世界经济长周期和霸权周期的复合视角，对铁路的地缘政治史进行历史分期（详见表 2–1）。

表 2–1　长周期背景下铁路的地缘政治

长周期	全球背景	铁路的地缘政治
康德拉季耶夫长周期 ⅠB 和 ⅡA（1820/25—1870/75）	康德拉季耶夫 ⅠB：英国经济领先地位的巩固；北美和中欧的部分国家崛起；英国在拉美的扩张；东亚地区开始融入资本主义世界市场 康德拉季耶夫 ⅡA：英国成为自由贸易时期的"世界工厂"；半边缘地带的重组；美国内战，德国和意大利的统一，俄罗斯崛起；"非正式帝国主义"的古典时期，拉丁美洲的发展	火车和铁路的出现
康德拉季耶夫 ⅡB 和 ⅢA（1870/75—1914/20）	康德拉季耶夫 ⅡB：英国相对美国和德国的衰落；第二国际的成立；俄罗斯和地中海沿岸欧洲国家的衰落；帝国主义在非洲的扩张与争夺 康德拉季耶夫 ⅢA：德国和美国经济领先地位的巩固；军备竞赛；日本和自治领进入国际舞台；非洲新殖民地的巩固和其余地区贸易（尤其是中国）的增长	"帝国铁路"（imperial rail）

续表

长周期	全球背景	铁路的地缘政治
康德拉季耶夫 IIIB（1914/20—1940/45）	英国霸权的衰落； 帝国列强竞赛； 边缘地区反抗的开端	铁路发展的大分流时期

来源：作者根据公开资料整理。

一、铁路的民族主义时期（19 世纪 40—70 年代）

这一时期是世界经济发展的第二个长周期的经济增长阶段（A 阶段）。第二个长周期 1845—1848 年开始，到 19 世纪 90 年代的中期。在这一周期中推动经济高涨的技术变革包括钢铁工业、铁路和广泛使用煤作为能源。[①] 在这个阶段，18 世纪六七十年代发源于英国的工业革命已进入晚期，多种工业革命的成果得到大规模应用。英国凭借其发达的资本主义工商业发展水平和在工业革命中的领先地位，迅速成为"世界工厂"并牢牢掌握海上霸权。同时，资本主义工商业发展水平仍然存在显著的地区差异。尽管英国在工业发展和海洋上还享有霸主地位，但是经济扩张的主导地位则渐渐转移到欧洲大陆。美国独立后，于 19 世纪早期迅速开始领土扩张，在南北战争统一废除奴隶制后资本主义经济发展更

---

① 李好好、班耀波：《第五个康德拉捷夫经济长周期》，《中央财经大学学报》1997 年第 9 期。

是迅猛。19 世纪 70 年代初，德国经济开始起飞，到 19 世纪末，借助于钢铁和化工新崛起的德国逐渐开始发挥主导作用。德意志诸邦国通过建立关税联盟和修建铁路网实现经济统一，经由三次王朝统一战争实现政治统一，一跃崛起成为欧洲强国。

在资本主义发展和新兴大国崛起的同时，铁路也开始崛起。这一时期铁路的建设与发展主要由私人资本建设，但同时得到国家不同程度的支持和不同手段的干预。铁路作为工业发展的重要标志，对一国经济发展和综合国力的重要性不言自明，各国政府纷纷根据本国具体国情和法律框架通过财政和立法等方式对铁路建设提供支持。在铁路最早得到普及和应用的英国，由于私人资本雄厚，且政府奉行自由放任的经济政策，并没有太大的意愿和余地直接通过财政进行干预，而是通过完善立法规范和通过有利法案来促进和引导私人铁路建设。

1825—1849 年，英国议会通过了 846 项铁路法案，对铁路公司筑路的用地权等权利提供法律支持，并协调解决私人资本在建设铁路时缺少整体规划导致的铁路之间相互隔离的问题，推动实现铁路的互联互通和铁轨统一。[①] 在尚未统一的德国，1820 年的普鲁士《国债法》限制了政府直接举

---

① 王文丰：《议会立法与工业化时期英国铁路交通的发展》，《大连理工大学学报》2014 年第 1 期。

债修建铁路的能力，尽管如此，国王腓特烈·威廉四世仍然通过将国家作为担保人的方式保留了日后把铁路收归国有的权利。[1]19世纪六七十年代的王朝统一战争后，普鲁士愈发认识到铁路在军事和政治方面的诸多价值，以1879年的第一个私有铁路征收条例为起点，普鲁士开始通过国家购买股票等手段大力推进铁路国有化进程。至1882年年底，德国铁路网长达34600公里，其中25000公里由政府管理；1890年年底，总长达到42000公里，其中37600公里由国家管理。而在普鲁士，铁路总长达27000公里，其中25000公里由政府管理。[2]美国铁路的发展始于19世纪30年代，以巴尔的摩—俄亥俄铁路的修建为开端。由于英属殖民地的自治传统和宪法限制，联邦和各州政府不能直接出资参与铁路建设，铁路主要受商业利益的驱动，由私人资本投资和建设，但联邦和地方政府还是通过各种间接的方式为铁路建设提供了支持，包括在土地赠与上提供法律基础，[3]对铁路公司进行赋税减免，给予铁路公司线路垄断权，[4]对铁路用

---

[1] Gustav Cohn, "The Railway Policy of Prussia", *Journal of Political Economy*, Vol. 1, No. 2（Mar., 1893）, pp. 181–182.

[2] Gustav Cohn, "The Railway Policy of Prussia".

[3] Christian Wolmar, *The Great Railroad Revolution: The History of Trains in America*, New York: Public Affairs, 2012, p. 26.

[4] Christian Wolmar, *The Great Railroad Revolution: The History of Trains in America*, p. 30.

进口钢铁实施退税等多项利好。① 为改善国家交通运输状况，推动西部的开发，1862 年和 1864 年，美国国会两次通过了修建横贯大陆铁路的方案，鼓励私人资本投资，并提供补贴，推动了 19 世纪后半期兴建铁路的狂潮。

值得注意的是，在领土业已成形的英国，铁路只是打通了原有的国内领土，为经济发展提供了便利；而在尚未统一的德国和独立之初的美国，铁路建设还是政治统一与扩张的工具。德国铁路建设最积极的倡导者，弗里德里希·李斯特认为，铁路可以把分散的地方经济联结发展为统一强大的民族经济，推动统一的德意志民族国家形成。与当时盛行的亚当·斯密自由贸易理论相反，他认为像德国这样工业基础落后的国家只有通过关税保护以防止外来商业倾销挤压本土产业生存发展空间，建设打通各邦国的高效运输体系，国内经济才能得到发展。② 因此，关税同盟和铁路将会是德国统一和强大的两个重要手段。李斯特从民族统一的角度出发对铁路的具体建设和布局提出建议，主张铁路"国有化"和"私办公助"的集资政策。李斯特认为铁路作为一项关系全局的事业，将其建设和经营完全

---

① Christian Wolmar, *The Great Railroad Revolution: The History of Trains in America*, p. 33.

② ［德］弗里德里希·李斯特：《政治经济学的国民体系》，商务印书馆 1961 年版。

交由私人将产生极大风险，但限于各邦财力和政局，完全由国家建设和经营是不可能的，因此李斯特提议，在充分发挥国家主导作用的同时，积极调动私人资金。① 在实际的铁路建设中，德国铁路建设的主导者普鲁士大抵采用了这一思路。事后的历史发展也的确如李斯特所预言，德国的政治统一由经济统一带动。不仅如此，铁路的军事价值在德国统一的过程中也得以彰显。德国的民族统一是伴随着普鲁士主导的三次王朝战争实现的，而铁路在弥补普鲁士地缘劣势、决定战争走向方面起了重大作用。1815 年的维也纳和会上，包括部分莱茵兰和威斯特伐利亚在内的几个地区被划为普鲁士所有，这虽然增加了普鲁士的领土面积和资源，但由于莱茵兰和威斯特伐利亚与普鲁士其他领土不相连，反而增加了普鲁士的防守难度和压力，构成了普鲁士地缘上的一个短板。此外，在与奥地利争夺德意志主导权的战争中，普鲁士常备军在规模上处于劣势。普奥战争中，总参谋长毛奇深知普鲁士在地缘和常备军规模上的不足，因此在与奥地利的战争中兵贵神速，充分利用新技术铁路和电报来缩小时空上的距离，组织人员物资输送和信息传递。在普奥战争中，普鲁士在短短 21 天内运输了19.7 万人和 5.5 万匹马，在运送速度上令对手奥地利措手

---

① 　马世力：《李斯特与德国近代铁路建设》，《史学月刊》1991 年第 2 期。

不及。①

在美国，铁路不仅在南北战争中为北部联邦军赢得胜利、维护美国统一发挥着重要作用②，还在"西进运动"和美国版图扩张中扮演着重要角色。19世纪初，美国趁欧洲战争混乱之际，从法国手中买下路易斯安那，兼并西属佛罗里达，合并得克萨斯，并借美墨战争吞并了墨西哥从加利福尼亚到新墨西哥的广阔地区，并随后将英国势力排挤出俄勒冈地区。到19世纪中叶，美国领土东起大西洋，西临太平洋，北接加拿大，南连墨西哥，在半个多世纪里，增加了7倍多。以1869年中央太平洋铁路和联合太平洋铁路接轨，第一条横贯大陆的铁路线建成为开端，圣塔菲铁路、太平洋铁路、南太平洋铁路和大北方铁路等4条横跨大陆的干线相继竣工，多条商业线也随之延伸到西部地区，带动了西部地区的投资开发，巩固了美国的新版图。

至这一阶段末期，即19世纪70年代，英国仍占据世界

---

① [美] 马克思·布特：《战争改变历史》，上海科学技术出版社2011年版，第138页。

② John E. Clark Jr., *Railroads in the Civil War: The Impact of Management on Victory and Defeat*, Louisiana State University Press, 2001. 对联邦军第十一、十二军和邦联军将领对铁路的管理和运用进行对比分析探讨铁路管理在战时的重要性。关于铁路在南北战争中的重要性，可另外参见 Roger Pickenpaugh, *Rescue by Rail: Troop Transfer and the Civil War in the West, 1863*, University of Nebraska Press, 1998。

霸权地位，但世界"中心—边缘"格局正在发生转变：德国在欧洲大陆的崛起和美国在北美地区的扩张日益挑战着原有的势力均衡；随着19世纪四五十年代中国和日本的国门被打开，东亚开始被纳入资本主义世界体系，和北非、拉丁美洲等地区一同成为列强角力的新场地，欧洲的争端开始在欧洲之外的世界范围内展开，欧洲的资本主义进入帝国主义阶段。各国在兴建铁路，完成建国、统一和强国之目的。其标志是德国统一、美国"西进"中的洲际铁路的建设。

二、铁路的帝国主义时期（19世纪70年代至第一次世界大战）

这一时期，是世界经济第二个长周期的萧条阶段（B阶段）和第三个长周期的增长阶段（A阶段）。第二个长周期从A阶段到B阶段的转折点是1873年的欧洲证券交易危机，它引发了长达十年左右的经济衰退，其中伴随着激烈的竞争，愈演愈烈的保护主义以及到处弥漫的悲观气氛。世界经济从19世纪末开始进入第三个长周期。第三个长周期的经济上升时期大体上从1895年贝尔的划时代发明开始到第一次世界大战。这一时期促进经济迅速增长的技术方面的重大变革有电的发现和电力的广泛应用，化学工业的迅速发展，电车、电话、无线电、电灯，以及美国出现的第一波汽车热潮等，德国以及随后的美国取代英国相继成为"增长极"。

大垄断公司的组织形式，如康采恩、卡特尔等，以及大批量生产方式逐渐在世界各地扩展。①

19 世纪 60 年代起，第二次工业革命进程开始，"中心"和"边缘"的差距进一步拉大，同时列强内部也在经历着结构调整——美国和德国借助第二次工业革命实现赶超；日本通过明治维新，殖产兴业，迅速实现经济现代化，并开始谋求政治上的"脱亚入欧"；俄国于 19 世纪中叶开始酝酿远东政策，外交重心从西方、近东和西亚开始分流到远东。② 中国在两次鸦片战争的惨败后终于开眼看世界，开始了缓慢的现代化转型尝试。这一时期，资本主义从依靠商品输出发展为依靠资本输出为主，进入帝国主义阶段，铁路成为帝国主

---

① 李好好、班耀波：《第五个康德拉捷夫经济长周期》。

② 在德国，铁路建设和民族统一进程同时推进的特殊背景使得"国有化"（nationalisation）的使用可能产生一定的歧义。在统一的民族国家，国有化等同于收归国家所有（state ownership）的过程，即国家从私人手中获取铁路所有权，行政管理优先于经济需求，这在 19 世纪下半叶的德国主要表现为主导国普鲁士的铁路国有化。此后，随着民族统一，德意志帝国成为 19 世纪 70 年代至第一次世界大战时的德意志民族国家，原各邦国的铁路被整合成为一个帝国体系，此时说到铁路的国有化其实是铁路的帝国一体化。前者是所有权从经济到行政的移交，后者是行政层面的集中统一。参见 Ayumu Banzawa, "A Comparison of Railway Nationalization Between Two Empires: Germany and Japan", in The Development of Railway Technology in East Asia in Comparative Perspective, M. Sawai（ed.）, *Studies in Economic History*, Springer, 2017, pp. 129–131。我们认为，这两个国有化进程是德国经济统一和政治统一进程交织的特殊产物，对德国国家铁路最终形成均是不可或缺的环节，因此对正文中国有化的使用不加以区分，但在脚注中给予说明。

义列强资本输出、政治和军事扩张的重要工具。在这一阶段，铁路地缘政治集中体现为帝国主义国家的铁路战略规划的竞争和铁路地缘政治的博弈。帝国主义一方面通过攫取海外筑路权以扩张本国势力范围，建立殖民统治；另一方面继续发展和调整国内铁路网络，提高铁路运输能力，以配合国内资本主义经济发展和帝国主义对外政策。

在非洲，英、法、德是主要的列强势力。19世纪70年代，法国在与意大利对突尼斯的争夺中加紧了对突尼斯的渗透。① 此时德国尚未参与列强海外殖民争夺，奉行大陆政策的俾斯麦对法国的海外殖民扩张表示支持。法国的扩张总体较为顺利，于1876年占领突尼斯并取得筑路权。为将英国的注意力从欧洲大陆上引开，俾斯麦还建议英国出兵占领埃及，19世纪80年代后期，俾斯麦还试探和筹划以德国东非部分殖民地换取英国在北海的赫尔果兰群岛（Helgoland）。威廉二世执政早期仍奉行亲英政策，新任首相卡普里维在俾斯麦外交活动基础上于1890年与英国达成《赫尔果兰—桑

---

① 1876年法国取得从首府突尼斯（Tunis）到坚杜拜（Jendouba）的筑路权。这条铁路原先由英国于1872年获得筑路权（为期50年），没有实施，1876年法国Corporation des Batignolles及其子公司接手。1895—1899年，法国修建了从首府突尼斯到东北部港市苏塞（Sousse）的铁路和多条分支。1897—1899年，法国修建了从西南部城市马特劳伊（Metlaoui）经由加夫萨（Gafsa）至东部港市斯法克斯（Sfax）的铁路以方便磷矿开采和运输。这些铁路的大部在1922年被收归国有，现由1956年成立的突尼斯国铁（Société nationale des chemins de fer tunisiens, SNCFT）管理运营。

给巴尔条约》，在东非殖民地上作出让步。1894 年 5 月，英国与比利时签订条约，英国以埃及的名义将尼罗河左岸地区转让给刚果邦，换取坦噶尼喀湖北端一走廊地区，用以修建开普敦至开罗的铁路。与此同时，威廉二世已放弃了俾斯麦时期的大陆政策，转而推行"世界政策"，积极进行海外殖民扩张，也计划在东非属地修筑铁路，双方互不相让，关系紧张，英德关系在英国袭击德兰士瓦失败后恶化，增加了欧洲的紧张局势。

在中东，德、英、俄三国针对铁路权利展开争夺。中东是德国"世界政策"的重点目标，巴格达铁路是德国在中东扩张的重要工具。巴格达铁路也称"3B 铁路"，是指从博斯普鲁斯海峡到波斯湾之间的土耳其小亚细亚铁路及其延伸至叙利亚和伊拉克的支线铁路，西起柏林，经布拉格、维也纳、布达佩斯、君士坦丁堡、巴格达，东至波斯湾的巴士拉的铁路。这条铁路将使德国把土耳其及其邻国纳入自己的势力范围，在波斯湾建立据点，保障通往印度的最短路线。德国在中东势力扩张的主要原因是其与中东贸易的迅速增长，1880—1893 年贸易额增长了 7 倍。因此，从 19 世纪 80 年代末起，德国银行开始投资土耳其铁路并提出巴格达铁路计划，并不断获得区域内铁路租借权或筑路权。① 埃及、伊朗

---

① 邢来顺：《德国威廉二世时期的世界政策及实施后果》，《经济社会史评论》2019 年第 1 期。

和阿富汗是英国在中东和中亚的重点扩张地区，一旦德国通过巴格达铁路建立起在波斯湾的据点就会威胁到英国在中东地区的利益和战略地位。此外，英国还计划把从开普敦到开罗的铁路延伸为从开罗经巴格达至加尔各答，即"3C 计划"，同时在苏伊士运河、新加坡和上海之间建立海上交通网，即"3S 计划"，而土耳其正是计划的关键。因此英国联合法俄强烈反对该计划的实施。俄国在 1878 年柏林会议铩羽而归后外交活动重心由西方转向中亚，并与英国在阿富汗、伊朗等地展开争夺。尽管如此，在反对德国在中东势力渗透上英俄两国利益一致。在威廉二世疏远俄国的外交政策下，早先依靠俾斯麦精湛的外交手段建立起的脆弱的德俄友好关系已不复存焉，德俄两国渐行渐远，俄国在失去德国的支持下转而与法国于 1892 年结成同盟。法国在普法战争战败之后一直与德国关系紧张，自然不愿意见到德国过度扩张。是以英、法、俄三国在反对巴格达铁路上利益一致，互相走近。1904 年，英法签订协约，法国同意英国在埃及的自由行动，英国同意法国在摩洛哥的自由行动，两国停止海外殖民地争夺，共同对抗崛起的德国。1904—1905 年日俄战争俄国战败后，英俄在远东的矛盾有所缓和，1907 年英国与俄国签订协定划分中亚势力范围，沙俄得到波斯湾北部地区，英国得到波斯湾南部地区，两国在中亚的争夺就此告一段落，共同对抗德国在该地区的扩张。由此可见，巴格达铁路计划是英、法、俄三国协约形成的重要推手，欧洲大陆上出现了一个崛起的德国和与此针锋相对的反德联盟，欧洲的紧张局势一步步从列强纷争聚变为德意志帝国与反德联盟的对抗，并最终滑向了第一次世界大战的深渊。

在东北亚，跨西伯利亚大铁路和中东铁路的修建扩大了沙俄的有效活动范围，同时引起了日本和英国的紧张，增加了地缘政治变数。19世纪中叶起，俄国开始形成较为独立的远东政策，俄国的外交政策考量从西方分流，最先转向中东和中亚，但为英国所阻挡，又进一步东移，西伯利亚大铁路及其在中国境内的支线中东铁路就是这一时期政策的产物。1860年俄国借第二次鸦片战争之机占领中国东北大片领土，但该地区自然环境恶劣且交通不便，因此物资补给困难，人烟稀少，导致经济落后，尽管俄国政府采取多项政策鼓励移民，始终无法激发俄国人民的移民热情，俄国移民在当地数量仍远低于华人。为改善俄国欧洲部分同东部地区的交通，加强俄国在远东的军事力量，同时鼓励移民开发东部地区，俄国政府于19世纪80年代开始筹建西伯利亚大铁路。随后，俄国还将触角伸向中国境内，利用中日甲午战争中国战败之机与清政府签订1896年《中俄密约》，攫取中国东北筑路权，使得西伯利亚大铁路可经由中国领土直达海参崴。西伯利亚大铁路的修建促进了西伯利亚地区人口和农业的发展，为俄国对外扩张提供了一定的经济基础。但与此同时，俄国的扩张也刺激了明治维新后迅速崛起的日本在朝鲜半岛和中国东北的扩张野心，为 1904—1905 年日俄战争埋下伏笔。日本资本主义工业化起步较晚，但发展迅猛，在明治维新 20 年后即参与帝国主义扩张与争夺，其国内铁路建设也同时承担着富国强兵和支持帝国主义扩张的双重任务。面对中日甲午战争前后军事运输需求增大，鉴于铁路的军事战略价值和私铁割据的不便，军部主张将铁路国有化以整治和统一铁路系统，继续扩张军备，加之财阀界在 1899 年恐慌和 1900 年金融危机压力下，私铁经营困难，希望政府收购，国会于 1906 年通过"铁道国有法"开始对 17 家私铁进行收购。[1][2]1904 年日俄战争爆发，以 1905 年日本胜利告终，原来由沙俄修建的中东铁路长春至旅顺段被转让给日本，史称南满铁路。为管理南满铁路和方便在中国东北拓殖，日本成立了半官半民性质的南满洲铁道株式会社（以下简称"满铁"）。成立初期，满铁即开始了对南满铁路轨距的

---

[1]　日本国土交通省：《日本铁道史》，见 http://www.mlit.go.jp/common/000218983.pdf。

[2]　日本的铁路起步和明治维新大致处在同一时期（19 世纪 70 年代），日本被卷入国际社会时列强已经开始帝国主义扩张和殖民争夺，而日本通过明治维新迅速实现近代化和工业化，不到 20 年时间里即在 1894—1895 年中日甲午战争后成为一个殖民帝国，参与殖民争夺，因此日本的铁路发展民族主义阶段和帝国主义阶段有部分重叠，19 世纪末 20 世纪初国内建设和国外扩张同时进行，国内运输能力的提高也是海外扩张战略的一部分。日本的这一特性也更加说明，在铁路领域，民族主义阶段和帝国主义阶段并不是相互独立的两个历史阶段，帝国主义处在民族主义的延续线上。

改造工作。满铁最早由沙俄修建，采用的是俄国通行的宽轨（1524mm），在日俄战争中一度被改为和日本本土一致的窄轨（1067mm）以配合日本带来的车辆运行，但在战后为实现朝鲜、中国运输体系接驳，会社按照政府命令于 1908 年完成大连至长春段窄轨改为标准轨（1435mm）的改建工作。此外，英国作为依靠海上优势地位扩张的国家，也从西伯利亚大铁路的修建中感受到威胁，这加剧了英俄在远东的矛盾，并将英国推向了日本，促成了 1902 年的英日同盟。①

三、铁路发展的大分流时期（第一次世界大战至 20 世纪 60 年代）

这一时期是世界经济第三周期的 B 阶段和第四长周期的 A 阶段。铁路作为传统的运输工具，其在西方博兴于 19 世纪 40 年代至第一次世界大战，跨越了第二个长周期和第三个长周期的 A 阶段，第一次世界大战结束后，铁路在世界经济的中心、半边缘、边缘地带的发展呈现大分流的图景。主要国家的铁路发展开始有明显的分流。第一拨以英、美两个奉行自由主义经济政策的发达国家为代表，政府反对将铁路国有化，但为了改善铁路建设和经营分散造成的线路分散、效率低下、经营亏损等问题，采取立法引导铁路公司

① 　马蔚云：《俄国的远东政策与西伯利亚大铁路的修筑》，《俄罗斯学刊》2012 年第 1 期。

合并重组。美国在 1916 年后开始大规模拆除铁路。美国在第一次世界大战后大规模拆除铁路很大程度上是因为 19 世纪下半叶铁路建设热潮中存在的不理性投资导致线路规划不合理，部分铁路实际利用率低，经营管理不善等问题。从这个角度看，大规模拆除铁路并不是铁路本身的问题，而是金融资本主义投机的结果，拆除铁路是对作为资本主义商品的铁路的资源优化和重组。英国 1921 年的铁道法和美国 1920 年的运输法均确立了民营和鼓励合并的原则。至第二次世界大战前夕，英国的铁路公司合并成四家大公司，美国的铁路公司数量也大大减少。

第二拨是以欧洲和日本为代表，政府主导经济建设，国有化和军事化的趋势在 20 世纪初期和第一次世界大战后进一步加强。法国社会党政府于 1938 年将铁路完全国有化。德国于 1871 年统一后，铁路由原诸邦国各自管辖，但在第一次世界大战后，根据"道威斯计划"，德国于 1924 年合并国有铁路并组建国家控股的德国国铁公司（Deutsche Reichsbahn-Gesellshaft）以经营国家铁路，致力于盈利以偿还德国战争赔款。1937 年，希特勒政权将德国国铁公司置于国家权力之下，军事化程度也进一步提高。日本以第一次世界大战为契机实现经济腾飞，重工业比重增大，陆运市场扩大，铁路业也快速发展。1919 年年底，日本运营中的国有铁路为 9982 公里，在这之后多条主干线建设继续进行，至 1936 年年底，国有铁路营业线已达 17422 千米，延长了近一倍。[1] 其间，日本政府于 1920 年设铁道省统筹管理铁道事务。1937 年侵华战争全面爆发后，铁路被纳入战时体制，1938 年日本政府出台陆上交通事业调整法引导企业合并以强化输送体制，1939 年铁道路提出弹丸列车构想，这成为日本新干线的前身。随着第二次世界大战态势的升级和太平洋战争的爆发，日本政府对铁道的管控也进一步升级。[2]

第三拨是以苏联为代表的战时共产主义和计划经济体制，铁路系统实施的是自上而下的管控和调配。铁路发展则呈现一片欣欣向荣的图景。19 世纪 90 年代初国有铁路仅占总量的三分之一，至 20 年代初已上升至三分之二[3]，20 世纪 20 年代苏维埃政权成立后新政权接管并进一步扩大原有铁路系统。1928 年苏联开始社会主义工业化建设，实行发展国民经济的第一个五年计划。在卫国战争爆发之前的 3 个五年计划期间，苏联铁路运营里程从 1928 年的 7.69 万公里增长到 1940 年的 10.53 万公里，其中尤其是在 1927—1930 年建设的突厥斯坦—西伯利亚大铁路

---

[1]　日本国土交通省:《日本铁道史》，见 http://www.mlit.go.jp/common/000218983.pdf。

[2]　日本国土交通省:《日本铁道史》，见 http://www.mlit.go.jp/common/000218983.pdf。

[3]　白述礼:《试论近代俄国铁路网的发展》，《世界历史》1993 年第 1 期。

（Туркестано-Сибирская магистраль），更成为西伯利亚和中亚地区之间最主要的运输通道。1941—1945 年期间的卫国战争时期苏联政府按战时体制运作，不仅将部队及军用物资从后方运输到前线，还将西部地区工业基地转移至东部。战争期间铁路线不仅成为德军的重点空袭目标，而且还成为斯大林格勒战役之后德军撤退之前所执行的焦土政策的牺牲品。虽然铁路遭受破坏严重，但苏联通过大规模及高效率的铁路修复工作，保证了作战前线及后方的联系。至卫国战争结束时，苏联国内的铁路基本上全部恢复通车。值得注意的是，俄国特殊的铁路轨距（1520mm）不仅让入侵的德军伤透了头脑，而且在反攻时"顺手牵羊"，将之后的华约国家的铁路系统也归纳至自己的势力范围。1950—1960 年，苏联铁路发展较快，全国铁路网基本形成，所有经济发达地区和各加盟共和国及主要城市均有铁路衔接，形成以莫斯科为中心、向四周辐射的铁路网格局。1954 年苏联铁路货运周转量已经达到 8500 亿吨公里，超越美国位居世界第一。

第四拨是新兴独立国家、前殖民地和广大发展中国家。这些国家在独立后继承了殖民时代列强主导修建的铁路网，并通过国有化和政府主导新铁路建设等手段继续建设和发展铁路，以期实现经济发展和政治稳定。第一次世界大战后，奥匈帝国解体，沙俄倒台，中东欧涌现出一批新兴独立国家。捷克斯洛伐克、匈牙利先后宣布从奥匈帝国独立，波斯尼亚和黑塞哥维纳、塞尔维亚、黑山、克罗地亚、斯洛文尼亚等国亦独立组建塞尔维亚—克罗地亚—斯洛文尼亚王国（1929 年定名南斯拉夫王国），特兰西瓦尼亚加入罗马尼亚。1917 年沙俄倒台，波兰恢复独立，芬兰独立。这些新独立国家继承了原奥匈帝国和沙俄时期的铁路网络，并以此为基础添加干线和支线。但由于东欧地处苏联和德国之间，地缘政治高度脆弱和敏感，奥匈帝国解体、多国独立后形成分散、破碎的地缘政治格局，难以对抗来自东、西两侧大国的入侵，因此在第二次世界大战前后随着苏、德入侵，大多数东欧国家的铁路和国家主权一同再次落入他手。[①]

第二次世界大战结束后，亚非国家掀起独立的浪潮，迫切希望摆脱殖民主义的剥削和压迫，实现经济发展和独立。尽管如此，在非洲铁路的发展受到两方面的制约：一是来自公路的竞争。非洲国家独立高潮的 20 世纪 60 年代往后 50 年间，政府的投资多流向公路，直至 90 年代非洲的铁路总体仍然支离破碎，缺乏修缮，严重老化。[②] 二是受制于殖民历史和地缘环境，许多发展中国家独立后的铁路事业不可避

---

① 龚云：《铁路史话》，社会科学文献出版社 2011 年版，第 1—12 页，"中国近代铁路发展概观"。

② Vasile Nivolae Olievschi, "Rail Transport: Framework for Improving Railway Sector Performance in Sub-Saharan Africa", SSATP, working paper No. 94. Pg. 1, 8.

免地带有殖民主义的残留，即政府缺少铁路建设的财力和技术，因此往往依赖外债和进口。即使铁路修建因振兴民族经济发展和独立的目的而带有反殖民反帝的色彩，但在实际建设中，往往不得不寻求原宗主国或大国的帮助，这类援助也成为新的地缘政治竞争形势。

第三章

铁路地缘政治的历史案例

本章是历史案例篇,通过运用第一章奠定的铁路地缘政治的分析框架,分别对大英帝国、德国、法国和沙皇俄国铁路的地缘政治史进行描述,采编了大量铁路案例,尝试对铁路地缘政治的历史进行梳理。

第一节 "帝国铁路":大英帝国的铁路地缘政治

从"第二帝国"到维多利亚时代,英国完成了从商业岛国到世界霸权的华丽蜕变。在这期间,铁路不仅促进英国生产力与商业贸易发展,还帮助其实现海外扩张。"帝国铁路"主要指19世纪70年代至20世纪初资本主义从自由竞争阶段过渡到垄断阶段,英国通过在世界范围内铺设铁路对殖民地进行扩张和统治。"帝国铁路"背后的地缘政治主要是指，将铁路作为工具，所引发的财富、领土和权力三者之间的互动和转化。"帝国铁路"的兴衰取决于帝国内部的需要、帝国面临的地缘因素及帝国实力三方面要素。在"帝国铁路"分析框架的基础上，我们对英国在印度的"十字形铁路"，英国在非洲、中东以及英国在中国的铁路建设及地缘政治竞争进行了案例分析。

诞生于第一次工业革命的火车被誉为"有史以来最具革命性的交通工具"。英国作为改革先行者，不仅牢牢抓住经济发展机遇，积累了巨额财富，还完成国家内部一系列变革，率先进入资本主义最高发展阶段，成为世界霸权。1825 年 9 月 27 日，世界上第一条行驶蒸汽机车的永久性公用运输设施，英国斯托克顿—达灵顿铁路正式通车。铁路成为英国补充海上力量，强化陆上力量，完善综合交通运输体系的骨干支撑。

铁路交通的发明与帝国主义时代的到来在相同时间节点内融会贯通，思想自由的大英帝国成为将二者相互融合的典范。国家在制定对外扩张战略时，依据帝国实力与利益目标确定战略方向，利用铁路的多用途和高效率落实具体方案，最终实现世界霸权的目标。随着帝国实力与国际政治格局发生变化，大英帝国的扩张政策从以贸易利益为主转移到贸易与政治利益并重的立场上。值得注意的是，铁路始终是英国继海上力量以外维护地缘政治安全，实现战略目标的重要工具。通过分析大英帝国崛起不同阶段的铁路战略，我们发现，帝国主义、地缘政治与国家实力是指导英国铁路战略的最主要因素，大英帝国代表的"帝国铁路"不仅反映出英国的地缘政治主张，其实际为英国殖民扩张带来的利弊得失更是成为理解铁路地缘政治意义的重要依据。

一、"帝国铁路"（imperial railway）：提出一个分析框架

资本主义率先在英国推翻封建势力，确立统治地位，在完成社会结构转型的同时实现国家富强，最终通过帝国主义的方式登上世界霸权的巅峰，这无疑成为大英帝国史上浓墨重彩的一笔。从"第二帝国"时期到维多利亚时代，大英帝国的版图不断扩张，铁路一直是实现帝国繁荣的重要力量。"帝国铁路"满足大英帝国的内部需要，同时顺应外部环境形势，包含着帝国主义、地缘政治和地缘经济多重意义。

（一）大英帝国的"第二帝国"时期（18世纪末至20世纪初）

大英帝国的扩张历史经历了三个阶段：17世纪光荣革命后的英国全面展开海外扩张，在重商主义政策的指导下，通过压榨殖民地以供给本国发展。1783年美国独立使不列颠丢失了其在海外最大的殖民地，然而在工业革命的推动下，加上对北美独立的反思，英国人逐渐开始以全新的思维看待

帝国的海外殖民战略，这一自由主义的思想最终也将英国推上了海权的巅峰。最后，19 世纪 70 年代起德国等后起之秀加入了海外殖民地的争夺，英国殖民主义也进入了以武力争夺为特征的新阶段。其中，18 世纪末至 20 世纪初的这段时期，英国在自由贸易需求的主导下发展海外贸易据点，着眼于开拓世界市场，逐步建立了无形的经济帝国。这一时期被称为第二帝国，亦称为"非正式帝国"（informal empire）时期。之所以称其为"非正式帝国"，最为典型的特征之一即采取"经济控制的手段"。① 而铁路在英第二帝国时期发挥了重要作用。

铁路能提升区域间的通达性，加速生产要素的空间流动，促使经济活动重新配置，从而对地区经济发展产生影响，还能降低区域间贸易成本，提高贸易效率，促进区域经济一体化，因此成为大英帝国控制其海外殖民地的重要工具。1901 年，从乌干达到东非沿海地区蒙巴萨的乌干达铁路建成，意味着英国在东非势力的确立。乌干达铁路连接了从维多利亚湖到蒙巴萨的所有英国据点，带动沿途地区经济发展，消除英国在东非地区各保护国存在的经济问题。铁路建成后，"运输费用也从每吨每里七先令六便士降到每吨

---

① G.A. Barton，B.M. Bennet，"Forestry as Foreign Policy: Anglo-Siamese Relations and the Origins of Britain's Informal Empire in the Teak Forests of Northern Siam, 1883–1925"，*Itinerario*，Vol.34, No.2（2010），pp.65–86.

每里二便士"①。对乌干达来说，铁路的建成缩短了从乌干达到达沿海的时间，这大大改变了乌干达地区的开发和管理。而对于肯尼亚而言，"肯尼亚是被一条铁路征服的，肯尼亚现代史大可以说是从 1901 年开始的，因为铁路成了日后发展的基础"②。后来铁路铺设到内罗毕，铁路总部也迁到了内罗毕。

以亚当·斯密为代表人物的自由贸易理论，是英第二帝国阶段经济扩张的思想基础。这一理论指出，母国对殖民地的垄断贸易不仅对母国的贸易和生产不利，只会带来沉重的行政和安全负担；同时也对殖民地的发展不利。③ 这是由于"殖民地贸易的独占，必然使大部分英国资本违反自然趋势，流入殖民地贸易，所以殖民地贸易的独占，排斥一切外国资本，必然减少投在此种贸易上的资本的总量……由于它减少一切其他贸易部门英国资本的竞争，所以必然提高一切其他贸易部门的英国利润率，导致英国其他产业的自然均衡遭到破坏……长此以往，英国的整个工商业系统将会失去安全性"④。

---

① 张燕：《19 世纪晚期英国对东非殖民政策研究》，硕士学位论文，广西师范大学，2016 年 6 月。

② 张燕：《19 世纪晚期英国对东非殖民政策研究》，硕士学位论文，广西师范大学，2016 年 6 月。

③ 郭家宏：《从旧帝国到新帝国》，商务印书馆 2007 年版，第 65—67 页。

④ [美] 亚当·斯密：《国民财富的性质和原因的研究》下卷，商务印书馆 2002 年版，第 169—175 页。

在这一模式下，领土扩张并不是首要目标，贸易自由才是关键。先后任外交大臣和首相职务的英国政治家帕默斯顿是这样描述英国的自由贸易外交政策的。他说："我们想要与埃及的贸易，想要能穿越埃及的通道，但我们不想要统治埃及的责任与负担，让我们用商业的影响来改进所有这些国家，让我们避免一次十字军征服。"[1] 但在实践中，英国的自由贸易政策背后离不开强大军力的支撑，其践行的外交模式实际上是"炮舰外交"。[2]

（二）维多利亚时期：从无形帝国到有形帝国

1837 年，18 岁的维多利亚（Alexandrina Victoria）荫袭了英国王位。从此，英国历史进入被资产阶级史学家称为"黄金时代"的维多利亚时代（1837—1901 年）。在这一时期，大英帝国的经济实力空前强大，势力范围迅速扩张。维多利亚在位 64 年间共经历了 20 届内阁、10 位首相（见表 3–1），其间确立了议会至上原则和虚君制，责任内阁制原则也臻于完备化。[3] 女王与首相在磨合中配合默契，同首相本杰明·迪斯雷利等结为至交，政治统一的帝国面对经济、社会变革更加从容，海外殖民政策得到前后一贯的支持。

---

① R . Hyam, "Britain's Imperial Century, 1815–1914", *Cambridge Imperial and Post-Colonial Studies Series*, 2002, p. 108.

② 钱乘旦：《英国通史》，社会科学出版社 2007 年版，第 295 页。

③ 王赳：《传统和现代的冲突与融合——维多利亚时代典型特征》，《丽水师范专科学校学报》2001 年第 1 期。

表 3-1 维多利亚时期历任首相及政策主张

时间	首相	政策主张	外交政策	经济政策	文化政策
1837— 1841 年	威廉·拉姆 (William Lamb)	自由主义	鸦片战争		
1841— 1846 年	罗伯特·皮尔 (Peel, Sir Robert)	新保守主义	对爱尔兰先打后拉	降低关税；颁布第二部银行法	
1846— 1852 年，1865— 1866 年	约翰·罗素 (John Russell)	自由主义偏向的保守主义	英美和解	自由贸易；废除航海法案	议会改革
1852 年，1858— 1859 年，1866— 1868 年（三次担任）	爱德华·杰弗里·史密斯·斯坦利 (Edward Geoffrey Smith Stanley)	保守主义	取消不列颠东印度公司		议会改革
1852— 1855 年	乔治·汉密尔顿·戈登 (George Hamilton Gordon)	自由主义	反对战争	自由贸易	天主教改革
1855— 1858 年，1859— 1865 年	亨利·约翰·帕默斯顿 (Henry John Palmerston)	自由主义	殖民侵略		
1868 年，1874— 1880 年	本杰明·迪斯雷利 (Benjamin Disraeli)	保守主义	殖民扩张	财政改革	议会改革

续表

时间	首相	政策主张	外交政策	经济政策	文化政策
1868—1874年，1880—1885年，1886年，1892—1894年（四次担任）	威廉·尤尔特·格莱斯顿（William Ewart Gladstone）	自由主义	反对侵略（口是心非）	取消谷物法	
1885—1886年，1886—1892年，1895—1902年（三次担任）	罗伯特·盖斯科因—塞西尔（Robert Arthur Talbot Gascoyne-Cecil）	保守主义	殖民扩张		支持工会和罢工权
1894—1895年	阿奇博尔德·菲利普·普里姆罗斯（Archibald Philip Primrose）	自由主义			

来源：笔者根据公开资料整理。

通过上述维多利亚时期历任首相及政策主张可以发现，英国在此期间传统势力与改革思想不断交融冲突，自由主义不断动摇传统君主权威。两大党派的接替上台促使保守主义与自由主义在政局较量中不断进行自身重整与改革，为实现"更大的不列颠"（the Greater Britain）① 调整国家对外战略方案。值得注意的是，自 1874 年本杰明·迪斯雷利成为首相后，其领导的保守党强调更加激进的帝国殖民政策，核心就是领土的扩张，希望英国在全球建立更加广大的有形帝国。这与之前自由主义及新保守主义倡导下的较温和的殖民政策相差明显。1895—1903 年担任英国殖民大臣的约瑟夫·张伯伦（Joseph Chamberlain）就是一名激进的帝国主义者，他倡议加强控制各自治领的经济，实行帝国特惠制，后期鼓吹帝国关税同盟。他认为，国家基于其整体经济长期可能获得的间接和直接利益的预判对殖民地铁路项目进行投资。或者说，投资由计量经济学家、历史学家罗伯特·福格尔（Robert Fogel）口中的"社会回报率"（social rate of return）② 决定。③ 在他看来，经济上的统一是为帝国政

---

① "the Greater Britain" 由政治家查尔斯·迪尔克（Charles Dilke）于 1868 年提出，历史学家西利（John Robert Seeley）继承发扬，用来描述一种帝国类型，视英国的扩张为不列颠民族的扩散。

② 社会回报率（social rate of return）指单个经济活动主体的经济行为给整个社会带来的收益。罗伯特·福格尔在其著作 The Union Pacific Railroad: A Case in Premature Enterprise（《太平洋联合铁路公司：早熟企业案例》）中发现，即使投资使公司取得必然低于市场回报率的利益，铁路沿线地区劳动和资本生产力会上升，国会会基于国家经济增长的战略意义进行干预。

③ R. E. Dumett，Joseph Chamberlain，"Imperial Finance and Railway Policy in British West Africa in the Late Nineteenth Century," *The English Historical Review*，Voo.90, No.355, 1975，pp. 287–321.

治统一打下基础。这一方面与英国军力在国际舞台上逐渐式微有关，另一方面国内议会改革、税务改革使英国难以做到面面俱到。

不论是推行自由贸易、构建全球秩序还是推行帝国政策、巩固殖民统治，英国在社会生产力不断发展的推动下，不断进行国家政治体制变革，同时波谲云诡的国际格局变动与自由民主思想涌动不断影响英国国家意识与时代精神。总的来说，维多利亚女王时期正值英国工业革命完成，科学、文化和工业都得到很大发展，国家经济总量占全球的70%，贸易出口更是比全世界其他国家的总和还多上几倍。拥有雄厚实力基础的英国在维多利亚女王的领导下孕育丰富的思想理念与宽容的宗教信仰，社会整体崇尚理性的法治精神，追求高尚的民主模式，努力实现"不列颠治下的和平"，构成维多利亚时期的时代精神。随着中产阶级力量的不断壮大，贵族坚守的道德传统与新兴的功利主义成为当时弥散在英国社会内部的主流道德风尚与国民意识，对各种思想主张的宽容与对先进体制机制的创新推动国家在变革中不断壮大，全方位引领时代潮流。在此基础上，英国对外战略受国内政治、经济政策变化的影响，虽殖民扩张目标始终保持不变，但是维多利亚前期与中后期帝国的地缘政治战略出现了从以地缘经济为导向到以地缘政治导向的偏移。

(三)"帝国铁路"：提出一个分析框架

"帝国铁路"主要指 19 世纪 70 年代至 20 世纪初，资本主义从自由竞争阶段过渡到垄断阶段，国家通过在世界范围内铺设铁路对殖民地进行扩张和统治，制定并落实为自身获得利润的铁路战略与实践。"帝国铁路"背后的地缘政治主要指，将铁路作为工具，所引发的财富、领土和权力三者之间的互动和转化。大英帝国铁路地缘战略首先继承海上交通线优先的关键据点控制模式，其次顺应国家总体政策，在自由贸易与领土扩张立场中因势利导，最后面对各国地缘战略竞争灵活应对，以实现国家目标。这样的战略和政策既帮助英国巩固殖民统治和霸权地位，也预示了其后期因帝国主义国家间激烈竞争而导致其逐步势衰的地位变化。在此期间，德国是英国在中东、北非乃至全球利益的主要威胁，俄国是其在中亚、印度利益的主要对手，法国是其在非洲和印度的主要竞争对手，而亚洲尤其是中国则是世界诸强垂涎的瓜分对象。

"帝国铁路"的兴衰主要基于三方面要素：一是帝国内部的需要。一方面，在维多利亚时期的大英帝国内部，通过工业革命成长起来的中产阶级在自由贸易主义指导下摆脱贫困地位，在获得财富的同时逐步打破传统社会结构的束缚，获得身份认同并参与政治，试图通过改革创造更加便利的政策环境，实现资本集聚。另一方面，大英帝国的铁路战略也成为国家输出过剩产能，搜集掠夺殖民地资源与财富的重要手段。这是帝国主义在英国社会发展阶段中的必然表现。在南部非洲，伦敦政府认为有义务满足其自治殖民者向其提出的更多领土需求，认为这样做能够保持帝国影响。

二是帝国面临的地缘因素，包括地缘政治和地缘经济因素两个方面。就地缘政治而言，通往印度的道路安全对维护英帝国的安全有着至关重要的作用。在此背景下，英国与德国巴格达铁路之间展开了激烈的地缘政治角逐。与此同时，英国的帝国决策者认为一个殖民地的稳定与其他殖民地的稳定相互关联，密不可分，因为各殖民地会相互影响。在此背景下，英国在占领埃及后认为同样有必要进入东非和尼罗河上游，继续扩大殖民地范围。此外，铁路建设催生地缘经济。尼日利亚北部花生的种植是 1911 年铁路通车后开始大规模推广的，后来花生的种植沿着铁路线扩展到恩古努，又从扎里亚扩展到比绍。[①] 铁路成为当时尼日利亚的主要交通运输方式。

三是帝国实力，包括国家整体实力和铁路建设实力。只有基于强大的经济实力和军事力量，才有能力实施铁路地缘战略，实现帝国财富和殖民权力之间、殖民领土和金钱贸易之间的互动和转化。这是英国选择帝国铁路战略的坚实基

① 李娜：《拉各斯市城市发展中道路交通问题探析》，硕士学位论文，华东师范大学，2010 年 6 月。

础。反之，帝国铁路就会衰落。

二、"帝国铁路"：大英帝国铁路的地缘政治实践

作为火车的诞生地，英国机车及铁路建造技术处于当时世界领先水平，牢牢抢占第一次工业革命带来的发展先机，商业资本大量累积，经济实力不断增强，世界霸权逐渐得以巩固。19世纪50年代，英国铁路修建进入高潮时期；1880年，主要线路基本完成；1890年全国性铁路网已形成，路网总长达32000公里。随着国内产能过剩，英国的资本主义进入帝国主义阶段，拓展海外市场成为英国稳定贸易，发展经济的重要手段。由于贸易通道对商业帝国的至关重要性，铁路作为重要交通运输方式成为辅助英国殖民扩张的重要手段。然而，随着西方国家相继进入帝国主义阶段，有限的海外市场成为诸强竞相争夺的对象。鉴于各国对区域及世界的地缘政治考虑或重合或相互冲突，德国、法国、俄国成为大英帝国铁路扩张最主要的竞争对手，在亚洲、非洲等地区爆发了激烈的铁路地缘竞争。

（一）印度：英国的十字形铁路计划

英国从17世纪初期便开始对印度实施一系列的殖民活动，其对印度的影响一直延续到1947年印巴分治。英国的实力取决于在印度的殖民和其在东方的优势，重要程度几乎与英国本土（不列颠群岛）齐平。因此，英国在世界上的地

位首先取决于两者之间能否安全沟通，这是维多利亚时代政策的最高利益。印度作为英国在中东和亚洲选定的战略优先地区，其重要性不亚于非洲，而且，当非洲局势与之相互联系时，更会引起英国政府严肃对待和急切关注。① 此外，英国垂涎于印度雄厚的农业基础和充足的物资原料，同时也看到了南亚作为麦金德"陆心说"中"世界岛"和斯皮克曼"陆缘说"中欧亚大陆边缘地带重要组成部分的地缘政治地位。② 出于帝国发展需要与地缘控制权，英国在印度的地缘政治考量侧重地缘经济与领土控制。为此，英国凭借强大的海军，成功挤走了葡萄牙、荷兰、法国等西方列强在印度的领地和势力范围，牢牢占据南亚次大陆广袤区域。为了巩固在印度的统治地位，英国的铁道网修筑需要满足英国在印度的军事、销售市场和原料供应地三方面的需要。

1600 年，东印度公司创建，英国以贸易特权为突破口开启了对印度的殖民渗透。到 1689 年，东印度公司已拥有"国家"特性，能自主地控制对孟加拉、金奈和孟买的统治，拥有强大的、有威胁性的军事力量。英国不断排挤葡萄牙、法国、荷兰在印度的殖民利益，统治范围几乎覆盖整个南亚次大陆。从 19 世纪 40 年代开始，英国开始修筑贯穿南亚次

---

① Ronald Robinson，et al.，*Africa and the Victorians: The Official Mind of Imperialism*，New York：I.B.Tauris Co Ltd.，2015.

② 陈淑琴、俞源：《英国在印度的铁道政策》，《历史教学》1986 年第 6 期。

大陆的十字形铁路。在"自由"资本主义时期，英国执行适合于工业资产阶级需要的铁道政策。一方面，英国通过修建铁路，提升兵员与武器输送能力，成功镇压1857—1858年印度士兵起义，维持稳定的政治环境；另一方面，英国先后建设从加尔各答通向煤产区拉尼加吉和从孟买通向棉产区的铁路，连接印度政治中心与经济中心，提升资源掠夺与财富转化效率。在帝国主义时期，英国执行适合于垄断资产阶级需要的铁路政策，铁路成为巩固殖民统治的工具或者说是进一步扩张的跳板。维多利亚女王在1876年加冕为印度女皇，继续发展印度铁道网。一方面，英国加快运输粮食和原料，加快资本输出，努力恢复在1873年经济危机中丧失的工业垄断地位；另一方面，加强英国在中东和远东的争夺力量，与德国、俄国争夺中亚。英国大力建筑西北边境的铁路，如北旁遮普铁道、印度河平原和坎大哈铁道等，修建连接现在的巴基斯坦、印度、伊朗的铁路网络。[1]1900年，英属印度铁路里程达到近2.6万英里，在当时仅次于美国、英属加拿大和沙皇俄国，居世界第四位。

英国在印度的地缘政治博弈主要来自印度国内统治势力的反对，然而悬殊的实力差距使英国掌握了强大的地缘政治权力，诱人的经济利益使英国在亚洲的势力与影响变得"合

---

[1]　陈淑琴、俞源：《英国在印度的铁道政策》。

情合理"。铁路的铺设巩固了英国在印度已有的商品市场和原料产地，使印度经济发展有了质的变化，印度告别了手工生产时代，开始了现代化大生产。同时，铁路产生的现代工业瓦解了印度种姓制度所凭借的分工方式，而种姓制度则是印度进步和强盛道路上的基本障碍。英国不仅成功建立起印度这一广大海外市场，还深刻改变了当地政治、经济、文化发展模式，英国文化价值观沿铁路线渗透到社会的方方面面，不仅巩固了当时的殖民统治，即使在民族获得解放后的印度社会仍然保留并在很大程度上继承了英式政治体系与价值观念。马克思在《不列颠在印度统治的未来结果》中写道："英国在印度要完成双重的使命：一个是破坏的使命，即消灭旧的亚洲式的社会；另一个是重建的使命，即在亚洲为西方式的社会奠定物质基础。"① 可以说，英国利用铁路网在殖民初期加强了对外贸易力度，满足帝国不断膨胀的商业发展需求，而在国际竞争加剧时期强化了政治统一，帮助殖民政府平定内乱，借国内统治势力巩固自身地位，抵制他国殖民渗透，获得了显著成功。

（二）非洲：英国的"2C 计划"vs. 法国的"双 S 计划"

为了减少战争带来的损失，同时将殖民侵占行为合法化，英国主要通过与殖民当地"签约"的方式在非洲实施

---

① 《马克思恩格斯选集》第 1 卷，人民出版社 2012 年版，第 857 页。

殖民统治。1795 年和 1806 年，英国两次占领荷属开普殖民地，在此建立长期的殖民政府。1808 年，英国政府接管塞拉利昂。1822 年，英国与桑给巴尔签订了关于桑给巴尔禁止向任何基督教国家出售奴隶的条约，规定条约必须由英国海军进行强制执行，并由英国派出一名代表驻桑给巴尔以监督条约执行，成为英国控制桑给巴尔的开始。1831 年，英国与阿散蒂地方当局签约，承认阿散蒂的独立，但取得了对沿海地区的统治权。1849 年，英国任命驻贝宁湾和比夫拉湾的领事。由此可见，英国在非首先通过政治手段确立合法性，通过打通上层统治力量关系，自上而下进行渗透，从而避免了政局不稳定、政策不统一等政治环境因素对经济活动的影响。

这种温和渐进的殖民渗透随着其他西方列强进入帝国主义阶段，将资本输出目标纷纷转移到非洲，而受到极大挑战与削弱。自 19 世纪 50 年代起，法国开始大规模染指西非，试图在那里建立"新法兰西"(La Nouvelle-France)。1877 年，英国帝国主义者塞西尔·约翰·罗兹（Cecil John Rhodes）提出建立一个北起开罗（Cairo）、南至开普敦（Cape）的纵贯非洲大陆的殖民帝国，称为"2C 计划"（中文又称"双开计划"）。该想法受到国内自由主义势力的反对没能得到政府的支持，被搁置下来。1884 年，柏林会议后，法国提出一个殖民非洲的"双 S 计划"，企图建立一个从西非塞内加尔

（Senegal）到东非索马里（Somalia）的横断非洲大陆的北非大帝国。英国此时也开始将"双开计划"定为英国官方侵略计划，争夺非洲霸权。战略冲突促使双方展开激烈较量，实力的均衡使胜负变得扑朔迷离，双方铁路建设速度可谓惊人。1893 年，开普—比勒陀利亚铁路线开通。1895 年，洛伦索—马贵斯到约翰内斯堡的铁路修好。[①] 随着东西向与南北向的两条铁路于苏丹境内交汇，现实冲突展现出铁路拥有的快速大量运输兵员、武器能力和作战迅速与灵活的显著优势。据英国首相丘吉尔的《河流战争》（*River War*）一书记载（当时 26 岁的丘吉尔作为中尉和业余战地记者参与了这次战争），1897 年 1 月至 1898 年 7 月，英国军队在苏丹境内修筑了长达 385 英里的军用铁路，将军队从埃及开罗向南运输到苏丹阿特巴拉的时间从 4 个月缩短到 11 天。最终，英军于 1898 年 9 月 2 日在乌姆杜尔曼之战中以很小的代价打垮苏丹马赫迪军队，对苏丹这个非洲面积最大的国家建立起长达半个多世纪的殖民统治，同时为后来英国与法国瓜分非洲的谈判增加了砝码。1899 年 3 月 21 日，英法签署《第三次英法协议》，以尼罗河和刚果河的分水岭作为英法在苏丹地区的殖民地边界，法国承认苏丹南部上尼罗河归英国，英国则承认苏丹以西的赤道非洲为法国势力范围。

---

① 汪津生：《塞西尔·罗得斯殖民事业研究——关于非洲殖民主义史的个案研究》，博士学位论文，华东师范大学，2010 年 6 月。

1900 年，铺筑到伊巴丹的一段铁路开始通车，并于 1909 年年底延长到杰巴。英国"双开计划"最终于 1919 年实现，全面打通了从开普敦到开罗的道路，连接了南非与东非广大地区，在非洲建立起了一个庞大的殖民帝国，打破了法国的非洲霸权梦。铁路是英法在非洲实现军政控制与经济殖民的共同选择，对关键地区的控制成为决胜战略的关键。

（三）北非与中东：英国 vs. 德国"3B 计划"

德皇威廉二世的"世界政策"和英国的霸权政策尖锐对立，这是引发巴格达铁路斗争的根本原因。一方面，中东地区蕴藏着丰富的石油资源，存在巨大的经济潜力，完全符合英国经济发展的需要；另一方面，作为连接亚洲、欧洲、非洲三大陆地板块之间的天然通道，中东属于连通海上力量与陆上力量的天然缓冲地带，因而具有更加重要的维护国家安全的政治战略意义。奥斯曼帝国瓦解让西方列强看到攫取中东能源利益的可乘之机，英国和法国凭借强大的海军力量趁机掌握了土耳其主要控制权。海洋是英国对外联系的重要通道，是其发展对外贸易、参与国际交往的重要途径。海洋运输是英国进行对外贸易的主要途径。[1] 然而，陆地德国随着实力崛起与战略调整开始进军中东。铁路的出现动摇海权的绝对性力量优势，更为快速的反应力再加上同样可观的运输

---

[1]　李兵：《国际战略通道研究》，博士学位论文，中共中央党校，2005 年 6 月。

力，能极大促进大陆经济与政治力量整合，从而形成与之匹敌的陆权力量，改变地缘政治格局。

英国起初并未重视来自德国的陆上威胁。但随着德国实力大增与扩张加剧，欧洲大陆地缘政治格局不断变化，英国开始重新审视德国世界帝国的政治野心。1889 年，围绕安卡拉到科尼亚的铁路租让权是英德的第一回竞争较量。1893 年，德国制订了连接小亚细亚、直抵波斯湾的铁路修建计划（被称为"3B 计划"），希望修建一条从德国首都柏林到土耳其属地美索不达米亚巴格达的铁路，以获取石油。为达到此目的，德国成功利用英法与英俄之间的矛盾迅速取胜，却严重恶化了其与英国的关系，最终成为导致第一次世界大战爆发的重要诱因。在此过程中，英德在中东的地缘政治博弈展现出明显的德国陆权力量与英国海权力量的对抗，对（土耳其）的控制权成为决胜地缘战略竞争的标志。铁路促进了德国经济与军事实力的飞速增长，其铺设及控制成为德国瓜分英国在中东地缘政治资源的主要手段，不仅削弱了英国的海上霸主地位，也触碰了英国的经济利益。英国终于在数次竞争中意识到德国的威胁与挑战，不断阻碍德国铁路在中东地区的扩张。为此，英国一方面依托自身实力优势，通过取消投资与示威航行等手段对当地经济与政治发挥影响；另一方面根据国际政治环境奉行"没有永远的朋友，只有永恒的利益"的外交策略，选择与旧日对手的法国和俄国联合，三国在反对德国修建巴格达铁路上达成一致，成为缔结三国协约的重要因素。德国终于感受到英国的强大阻力，决心作出让步，双方于 1914 年 6 月 15 日草签《格雷—里赫诺夫斯基协定》，英国不再阻挠此路的修建，德国也承诺铁路以巴士拉为终点，不再延伸到波斯湾。然而双方尚未正式签约，第一次世界大战便爆发了。英国强大的实力与灵活的外交政策虽然最终成功阻碍了德国"3B 计划"的实施，确立了英国在美索不达米亚和波斯湾的权力。但英国前期对德国政治野心的误判使德国在中东站稳脚跟，加速了海陆力量正面对抗。

三、大英帝国铁路地缘战略评析

基于追求变革的国民意识与维多利亚时代精神、贸易立国的政治经济转化能力以及复杂多变的地缘战略竞争，帝国主义时期大英帝国的铁路战略带有浓厚的地缘政治和经济色彩。一方面，其帝国铁路战略依托既有的强大海上力量，为英国在商业谈判及外交磋商中增加砝码，同时借助"非正式帝国"奠定的商业基础，进一步增强贸易联系，发展经济实力；另一方面，铁路作为一种重要的陆上力量进一步强化帝国的军事力量优势，以陆权辅助海权，势力范围不断由海洋向陆地渗透，以应对陆上强权的威胁。事实证明，大英帝国的铁路战略实践确实取得了显著效果：英国海外市场不断拓展，自由贸易充分发展，英国也由此积累巨额财富；同时，其帝国势力及影响范围日益扩大，海外殖民统治得到稳定，英国得以长期保持霸权地位，或至少延缓了其霸权衰落。随着两次世界大战爆发，大英帝国国力一落千丈，此后再也无力重现昔日荣光。接下来，将从铁路与帝国主义、铁路的地缘政治、铁路的地缘经济三方面评析"帝国铁路"。

（一）铁路与帝国主义

铁路为大英帝国的海外扩张提供了政治、经济、军事方面的有力支持。英国首先建立东印度公司打开印度市场，通过经济控制取得地区影响，总督职务的设立标志着英国正式接管对印度统治。在此期间，英国借助"十字形铁路计划"把沿海地区经印度河谷（Indus Valley）与西北地区相连接。铁路网把各地区组织在一起，大幅提高统治效率，同时提升的资源积累效率使商业帝国有能力在印度诠释其尊崇的民主改革与自由贸易，成功把印度打造成英式社会在亚洲的典型代表。作为贸易的推动者和促进者以及技术进步和现代化的象征，铁路在转变当地固有的社会关系实现合作中发挥了关键作用，"因此成为非正式帝国主义合作议价的特征"[①]。铁路海外扩张为帝国各阶层带去丰厚利益，加强了其内部团结。大英帝国世界霸权的建立绝非依靠政治领导者单纯的意愿或粗暴的军事扩张，国内自

---

① Matthew Scott, "Transcontinentalism: Technology, Qeopolitics, and the Baghdad and Cape-Cairo Railway Projects, c. 1880–1930", PhD. Dissertation, Newcastle: Newcastle University, 2018.

由改革思想的碰撞推动温和而深远的帝国权力依托社会各阶层不断向外扩散，国家对外政策取得社会一致认同与支持。英国人认为，增加开支从长远来看可以节省更多，这使英国在贸易与战争中能够获得较好结果。① 在国家负债严重的情况下，英国发达的银行借贷体系与私人金融体系始终能够为海外扩张提供充足的军力、财力及物力支持，进而推动国家经济发展与社会繁荣。铁路扩张政策反映国家的战略意图与目标。国家参与的海外铁路建设决不是简单的商业投资或人道主义援助，基于国家利益权衡，具有重要的地缘政治意义。其他国家的铁路政策会引起英国的警惕与防范。德国"3B 计划"透露出其控制欧亚大陆的帝国野心，触及英国在中东地区引以为重的国际威望和商业地位，引发政界、商界及军方一致采取行动阻止计划实施。铁路战略成为国家战略竞争的重要部分。

铁路自修建之日起便需要投入巨额财富与大量精力，英国虽然有实力承担这一重负，并借此建立起一套完善的世界金融体系，但再精明的运营管理也扛不住旷日持久的资本消耗。尤其在非洲大陆，其恶劣的自然条件、文明程度低的人口素质、动荡的社会环境等一系列地缘因素给铁路建造带来更高的难度，英国盲目乐观的地理空间改造难以得到实际回报。两次世界大战以后，英国虽说赢得了战争的胜利，但输

---

① M.A., F.R.G.S, James Fairgrieve, *Geography and World-power*, New York: E. P. DUTION&Company, 1917.

掉了一个世界。英国自此欠下了巨额战争债务，损失了大量基础设施和工业基础，英国国力一落千丈，无法继续维持其在南非、印度等国的统治地位，铁路设施自然被搁置，大量资本投入付之东流。

（二）铁路的地缘政治

铁路能够通过改变地理结构影响地缘政治格局。英国帝国主义本质是尽可能多地争夺资源及市场，地理空间的有限性使帝国主义发展面临金融资本扩张瓶颈，资源分布不平衡与地理环境差异使地区战略意义千差万别。英国之所以能在19世纪殖民瓜分狂潮中维持世界霸权，是因为率先在亚洲、非洲等大陆板块的关键位置取得控制权。根据国家贸易利益至上原则，英国制定的铁路建设规划服务于增强地缘政治权力，下先手棋以夺取战略主动权。其中，英国"双开计划"（2C计划）比法国"双S计划"提出得早，因而在实施过程中对关键区域能够充分预判与准备，通过抢先占领埃及、苏丹等关键地区控制连接整个非洲大陆的交通枢纽，在后期与法国谈判过程中占据有利地位。英国在中东的表现则略显迟钝，在铁路建设合作中一步步将其经济利益连同政治利益拱手让人；无视国际实力格局变化，对其在中东无可撼动的政治主导地位盲目自信，低估铁路对经济、政治势力的影响，准许德国建造在君士坦丁堡和安卡拉之间的铁路，控制安那托利亚铁路（the Anatolian Railway）。结果，英国与印度的所有贸易和海上贸易都要向巴格达铁路缴税。英国的商业利益不断下滑，帝国统治地位根基岌岌可危。不仅如此，无论是租用科威特舒韦赫港（Bunder-es-Shweikh）的前滩，还是外相柯曾（Lord Curzon）在海湾地区的出色管理都不能消除巴格达铁路带来的威胁。① 因此，抢占先机并掌握交通运输通道能够使国家战略博弈处于有利地位，进而获得战略主动的要件。

在此过程中，国家实力是地缘政治竞争的基础。铁路建设周期长、投资成本高、运营管理制度复杂。国家在制订对外铁路项目建设计划时必须权衡自身实力、战略意义及回报率。为建成乌干达铁路，英国面临来自沿线国家及地区的重重阻碍，不惜花费大量人力、物力与财力。其建成通车也确实重构了肯尼亚和乌干达版图，加强了英国在肯尼亚和乌干达的行政控制，具有重要战略意义。没有强大的军事、经济力量支持，英国无法完成这一战略方案。1899—1902 年英布战争的巨额开支使英国感受到维持庞大帝国体系的压力与负担，此后开始在全球范围内进行战略收缩，这导致允许法国、德国、奥斯曼帝国参与中东地区的投资建设，给德国权力投放以可乘之机。

---

① Matthew Scott, "Transcontinentalism: Technology, Geopolitics, and the Baghdad and Cape-Cairo Railway Projects, c. 1880–1930".

（三）铁路的地缘经济

沃尔特·拉塞尔·米德表示，英国成为世界霸主的时候，其经济规模远远小于一些反对它的国家，但英格兰银行的繁荣发展揭示了金融是奠定全球海洋秩序的基础。[①] 帝国主义世界体系的二重结构，以及它所体现的经济统治和殖民统治两种方式并非孑然独立，而是通常相互交织在一起的。[②] 大英帝国的经济垄断能力在海外殖民扩张中不断发展完善，并与政治控制完美结合：先是以经济手段打开政治力量输出渠道，接着进入帝国主义更高阶段，通过强化政治势力维护商业利益，用经济目的掩盖帝国扩张本质，用文化外交弱化政治冲突。英国没有选择俄国直接政治干预及军事力量转移的方式，而是选择经济先导战略，将具有丰富资源或交通位置便捷的国家作为优先发展对象。印度的香料、中东的石油、南非的钻石、中国的市场吸引英国地缘经济战略部署。

西方列强之所以激烈争夺在华铁路修筑权，就是因为看到在华修筑铁路带来的一系列重大利益。第一，通过承修铁路可向中国提供修筑铁路所需的巨额贷款，输出剩余资本，获取高额利润；第二，修筑铁路所需的全部器材必然会向承

---

① ［美］沃尔特·拉塞尔·米德：《上帝与黄金：英国、美国与现代世界的形成》，涂怡超、罗怡清译，社会科学文献出版社 2014 年版。

② 陈人江：《帝国主义本质再审视》，《马克思主义研》2016 年第 8 期。

修铁路的国家购买,这样既输出了资本,又促进了商品输出,有利于推动本国钢铁工业与机器制造业发展,解决日益严重的失业问题;第三,修筑铁路的工程技术人员和管理人员必然会从承修铁路的国家聘用,从而有助于承修铁路的国家掌握铁路管理权,决定有利于本国的运费率,为推销本国商品和掠夺中国工农业原料提供方便;第四,铁路两旁的矿产与森林开采权自然会被承修此条铁路的国家所夺取,铁路所经地区将会成为承修铁路国家的势力范围;第五,铁路贷款一般以该铁路的全部资产作抵押,如果清政府无力偿还贷款,这条铁路就会归债权国所有。[1] 因此,铁路控制权是列强实施地缘经济战略的重要手段。

不是所有的国家都拥有实施地缘经济政策的能力,只有属于"世界事务的核心舞台"上的国家才有实施地缘经济战略的能力。[2] 铁路稍晚于英国的崛起,兴于"非正式帝国"时期,在正式帝国主义扩张中走向高潮。英国商人认为,如果没有垄断权,贸易的成本和风险会让他们无利可图。没有海军的保护,就无法抵御不友好的当地统治者,也没有法庭作出仲裁。[3]

---

[1] 马跃:《英国与中国东北关系研究(1861—1911)》,博士学位论文,吉林大学,2012 年。

[2] 卢光盛:《国际关系理论中的地缘经济学》,《世界经济研究》2004 年第 3 期。

[3] [英] 约翰·达尔文:《未终结的帝国》,中信出版社 2015 年版,第 20 页。

无论是帝国主义者还是帝国批评者都认为，作为世界的解放者、保护者和改革者，英国的必然命运就是走出欧洲。① 大英帝国的帝国主义具有英式文明观，J.A.霍布森把英国的移民殖民地看作"有益的国家扩张"，以中心领导全球。在此基础上，大英帝国铁路地缘政治具有以下三个特点：第一，英国地缘政治的整体性思维把铁路网络铺设遍及世界，铁路是文化价值与政治影响输出的重要渠道；第二，战略竞争讲究夺取先发优势，铁路是决定竞争胜负的重要砝码；第三，商业始终是大英帝国实力的原动力，铁路是提高贸易效率，把握竞争优势的重要力量。大英帝国随铁路而兴，帝国铁路成为实现国家目标，夺取世界霸权的有力手段，对当时世界地缘政治格局产生深刻影响，并对今日的世界政治经济有着深远影响。

第二节　帝国铁路的战略失败：德国柏林—巴格达铁路

德国帝国主义为了向中近东扩张，从 19 世纪末开始谋求修建柏林—巴格达铁路。柏林—巴格达铁路在战术上是成功的，但在战略上却是失败的。德国政策制定者严重低估了

---

① ［英］约翰·达尔文：《未终结的帝国》，中信出版社 2015 年版，第 27 页。

柏林—巴格达铁路的地缘政治风险，尤其是低估了这条铁路对地缘利益结构的巨大重塑作用，从而低估了英、法、俄三国针对德国的"地理报复"。柏林—巴格达铁路是帝国主义时代大国战略竞争的产物，围绕巴格达铁路的地缘政治竞争，其深层次原因是帝国主义国家之间发展不平衡，德国生产力快速发展与其"势力范围"不匹配之间的矛盾。德意志帝国在柏林—巴格达铁路上的战略失败，与其所处的帝国主义这个时代背景密不可分。除此之外，威廉二世的"世界政策"、铁路地缘政治上的冒险路线，都是造成柏林—巴格达铁路战略失败的重要原因。

本节旨在以柏林—巴格达铁路为案例，管中窥豹，分析历史上铁路扩张的地缘政治，分析风险生成的原因。巴格达铁路是 20 世纪初人们对连接博斯普鲁斯海峡和波斯湾的铁路线（全长 2400 公里）的通称。德国帝国主义为了向中近东扩张，从 19 世纪末就开始谋求修建这条铁路。1898 年，德皇威廉二世为此亲自访问了土耳其首都伊斯坦布尔。1903 年德国同土耳其正式签订了关于修建从科尼亚经巴格达到巴士拉的铁路的协定。这条铁路建成后可以把柏林、伊斯坦布尔、巴格达联系起来，使德国的势力延伸到波斯湾。这不仅威胁着英国在印度和埃及的殖民统治地位，而且同俄国在高加索和中亚的利益发生矛盾。因此，英、俄、法三国结成同盟来反对德国。这条铁路到第一次世界大战爆发时尚未建成，它是由英、法两国的公司于 1934—1941 年最后修建完成的。[①] 总的来说，德国巴格达铁路在战略意义上是失败的。虽然巴格达铁路在短期给德国带来了显著的经济利益；但是由于扩张战略的冒进最终遭到了英、法、俄集体反对，并一定程度上推动其形成三国协约，在欧洲的战略态势上对德国实现了两线包围，使德国在战略上处于被动地位，并且最终也因此使得德国与英、法、俄的矛盾加深直至不可协调的程度，从侧面加深了第一次世界大战爆发的可能性。所以这条铁路在战略上是失败的。

一、有关柏林—巴格达铁路及其地缘政治的文献综述

列宁在《帝国主义是资本主义的最高阶段》中多处谈到巴格达铁路。例如，他引用《银行》杂志出版人阿尔弗勒德·兰斯堡在 1909 年写的《曲意逢迎的经济影响》一文，其中谈到威廉二世的巴勒斯坦之行，以及"此行的直接结果，即巴格达铁路的建筑，这一不幸的'德意志进取精神的大事件'，对于德国受'包围'一事应负的责任，比我们所犯的一切政治错误应负的责任还要大"（所谓"包围"是指爱德华七世孤立德国、用帝国主义的反德同盟圈来包围德国的

---

① 列宁：《帝国主义是资本主义的最高阶段》脚注 73，载《列宁专题文集》（论资本主义），人民出版社 2009 年版，第 319—320 页。

政策）。① 英国历史学家爱德华·米德·厄尔（Edward Mead Earle）1923 年所著的《土耳其、列强与巴格达铁路》一书中，也谈到巴格达铁路对欧洲国际势力均衡的破坏。中国的一部分带有国际关系背景的学者从其学科视角出发，着重强调了英、德两国在巴格达铁路议题上的利益冲突以及铁路修建过程中两国的博弈②，也有研究着重于探讨巴格达铁路对德国带来的经济外交利益③。所有这些关于巴格达铁路的政经分析当中，对于英德铁路之争背景最为深刻的论述还是列宁作出的。

列宁在《帝国主义是资本主义的最高阶段》的第七部分《帝国主义是资本主义的特殊阶段》中深刻阐释了世界铁路竞争与帝国主义战争之间的必然联系。列宁指出："英国靠自己的殖民地，把'自己的'铁路网增加了 10 万公里，比德国增加的多 3 倍。但是，谁都知道，这一时期德国生产力的发展，特别是煤炭和钢铁生产的发展，其速度之快是英国无法比拟的，更不必说法国和俄国了。1892 年，德国的生

---

① 《钻进银行的欲望》，《银行》杂志 1909 年第 1 期，转引自列宁：《帝国主义是资本主义的最高阶段》，《列宁专题文集》（论资本主义），人民出版社 2009 年版，第 147 页。

② 徐蓝：《试论围绕巴格达铁路修筑的英德之争》，《北京师院学报（社会科学版）》1985 年第 6 期。

③ 唐承运、刘亚臣：《巴格达铁路——德意志帝国向东方推进的重要工具》，《世界历史》1994 年第 4 期；王健：《试论 19 世纪末 20 世纪初德国对中东的经济渗透》，《史林》1990 年第 2 期。

铁产量为 490 万吨，英国为 680 万吨；但是到 1912 年，已经是 1760 万吨比 900 万吨，也就是说，德国永远地超过英国了！试问，在资本主义基础上，要消除生产力发展和资本积累同金融资本对殖民地和'势力范围'的瓜分这两者之间不相适应的状况，除了用战争以外，还能用什么其他办法呢？"① 也就是说，导致帝国主义战争的根本原因是资本主义经济和政治发展不平衡的规律。② 代表德国生产力水平的巴格达铁路与英国的"势力范围"产生了不适应的状况，最终引发了第一次世界大战。

列宁在《帝国主义是资本主义的最高阶段》的法文版和德文版序言中鞭辟入里地指出，建筑铁路似乎是一种普通的、自然的、民主的、文化的、传播文明的事业。在那些由于粉饰资本主义奴隶制而得到报酬的资产阶级教授看来，在小资产阶级庸人看来，建筑铁路就是这么一回事。实际上，资本主义的线索像千丝万缕的密网，把这种事业同整个生产资料私有制连接在一起，把这种建筑事业变成对 10 亿人（殖民地加半殖民地），即占世界人口半数以上的附属国人民，以及对"文明"国家资本的雇佣奴隶进行压迫的工具……资

---

① 列宁：《帝国主义是资本主义的最高阶段》，《列宁专题文集》（论资本主义），人民出版社 2009 年版，第 184—185 页。
② 列宁：《帝国主义是资本主义的最高阶段》，《列宁专题文集》（论资本主义），第 97 页。

本主义已成为极少数"先进"国对世界上绝大多数居民实行殖民压迫和金融扼杀的世界体系。瓜分这种"赃物"的是两三个世界上最强大的全身武装的强盗（美、英、日），他们把全世界卷入他们为瓜分自己的赃物而进行的战争。[1]

二、柏林—巴格达铁路修建的时代背景、德国的实力变化和地缘政治观

（一）时代背景——帝国主义高潮阶段

在德国开始推行"世界政策"后，德国实质上也就开始了与老牌的殖民国家英、法等国的全球范围内的势力争夺。哪怕是在其他列强已经控制了的范围以内，在埃及、伊朗、阿富汗等地德国也是动作不断[2]。而在中东地区，阿拉伯地区早已经成为英国控制下的属地，于是德国开始将奥斯曼帝国的安纳托利亚作为重点渗透地进行渗透，而这也正是德国向近东、中东地区扩张的开始。其最初使用的方式便是对安纳托利亚铁路的投资，德国希望将德意志银行在 1888 年中标的伊兹米特到安卡拉的铁路项目作为其铁路扩张的起点，将德意志帝国的势力利用铁路推入中东地区。在经济扩张、

---

① 列宁：《帝国主义是资本主义的最高阶段》法文版和德文版序言，《列宁专题文集》（论资本主义），第 101—102 页。

② A. R.Carlson, "War by Revolution: Germany and Great Britain in the Middle East in the Era of World War I", *German Studies Review*, Vol.23, No.3（2000），p.601.

市场扩张的同时打破中东地区地缘政治格局不利于德国的现状，以突破英、法、俄在这一地区的政治经济垄断。但是由于德国在这一地区铁路的扩张在经济方面、政治方面、军事方面都从不同角度损害到了英、法、俄的不同利益，尤其是英国极度不满德国在这一地区的铁路扩张政策。柏林—巴格达铁路修建虽然在铁路建设过程中使德国短时间内获得了一些实际的经济效益，但是英、法、俄等国从其铁路扩张中就察觉到了德国在地缘战略上的咄咄逼人，与其在近东、中东的乃至世界范围内势力的极度扩张带来的威胁，这就促使英国与法国、俄国一步步地靠近，甚至最终在多重因素下英、法、俄分别互相结盟，使德国在外交博弈中十分被动，并且最终由于紧张局势的不断升级导致第一次世界大战爆发。

另外，德国对中东的铁路扩张，其背后的原因：第一，德国经济的繁荣，德国在第二次工业革命完成后，其自身经济实力猛增，并且作为欧洲工业第一强国，其已经在国内建立了完整的现代工业体系，这就为大规模修建铁路奠定了物质基础。第二，德国人很早就认识到了铁路是"最具革命性的一种工具"[1]，德国的铁路技术也早已领先于其他欧洲列强。德国国内在 1860 年就已经建成了欧洲完善的铁路网；而到德国统一之后，德国的铁路效能已经超过了在长度方面占优

---

[1] [德] 马克斯·维贝尔:《世界经济通史》，上海译文出版社 1981 年版，第65 页。

势的英国①。所以工业发达、铁路建设经验丰富、科技发达为德国的扩张奠定了物质上的基础。第三，这一时期的德国金融业也十分繁荣，德意志银行等商业银行也纷纷扩张，在世界范围内配合威廉二世的"世界政策"进行大量的资本输出。在这样的前提下，缺少殖民地使德国在自身是工业大国的前提下出现了贸易逆差，而进行大规模的铁路扩张有利于德国在未来建立殖民帝国，从而使德国赢得欧洲的霸主地位②。

但是，德国经济的发展，重工业的高速发展，一定程度上导致国内出现粮食问题与工业原料缺乏的问题，其购买力也在不断下降，德国也认为有必要重新分割世界，而铁路扩张计划有利于德国从英、法等国夺取市场、原料产地和投资场所，再加上德国海军相对于英国的劣势，使德国的扩张方向只能是大陆而非海洋。③ 在这两种因素的不断催化与影响下，德国将资本不断投入铁路计划。1871 年后，随着普鲁士彻底击败奥匈帝国，德国就收买了来自东方的巴尔干铁路网；在 10 年后的 1888 年随着中标伊兹米特到安卡拉的铁路项目，德国正式开始了柏林—巴格达铁路的修建。

① 唐承运、刘亚臣：《巴格达铁路——德意志帝国向东方推进的重要工具》，《世界历史》1994 年第 4 期。
② 费舍尔：《争雄世界》，商务印书馆 1987 年版，第 92 页。
③ 丁建弘：《德国通史》，上海社会科学院出版社 2012 年版，第 53 页。

（二）德国的实力变化和地缘政治观

1871 年，历经三次王朝战争，[①] 德国终于在普鲁士的领导下实现了国家统一。虽然连历史学家也都认为新的德意志帝国也就是普鲁士王国的扩大，但是两者在实力上不可同日而语，普鲁士只是一个军事强国，而德国却是一个在各个方面都会引起各方不安的大国。"统一之后的德国面积增加了一倍，人口从 1930 万增加到 3460 万"[②]，超过了当时的英国[③]。

更重要的是，德国的统一为其资本主义的发展创造了重要条件。统一后建立起来的中央集权，与各邦国的货币关税政策与制度的统一，经济制度与法律制度的统一，新建立的德意志银行，实行的保护性关税政策等都大大促进了德国资本主义经济的发展。从 1870 年到 1913 年，德国工业生产增加了 4.6 倍，而英国仅增加了 1.3 倍，法国为 1.9 倍。德国的国民生产总值以平均每年 2.9% 的速度增长，超

[①] 王朝战争，指德国王朝战争，是 1864—1871 年普鲁士为统一德意志进行的三次军事行动。第一次王朝战争是 1864 年普鲁士联合奥地利对丹麦的战争。第二次王朝战争是 1866 年普鲁士与奥地利的普奥战争。第三次王朝战争是 1870 年普鲁士进攻法国的普法战争。三次王朝战争均以普鲁士一方的胜利而结束，从而使普鲁士统一了整个德意志。

[②] [美] 约翰·米尔斯海默：《大国政治的悲剧》，上海人民出版社 2015 年版，第 92 页。

[③] Bob Ogley, *A Chronicle of the Nineteenth Century*, Froglets Publications, 2003.

过了英国（2.2%）和法国（1.6%）。在 1913 年世界工业生产总额中，德国占了 16%，仅次于美国（38%）。1913 年德国主要工业品的产量，生铁为 1933 万吨，煤产量为 1.9 亿吨，钢产量为 1900 万吨，除了煤炭产量不如英国，在钢铁产量上都超过了英、法的总和。德国的对外贸易额也从 1870 年的 6 亿马克猛增到 1913 年的 20.9 亿马克，占世界贸易额的 13%[①]。统一后的德国从 1871 年到 1913 年第一次世界大战爆发前，经济上的发展空前繁荣。德国在经济上一跃成为资本主义世界第二强国，经济实力可以说已经超越英国，仅次于美国。

　　虽然德国在统一后，经济上已经成为充满活力的工业强国，但在政治上德国还是非民主、非现代化的封建君主国。如果从国内政治的角度看，德国的成立实际上是妥协和平衡的结果，是自由主义和君权思想的结合。虽然德国有一部宪法，但德国并不是一个真正意义上的近代化宪政国家，其政治制度实质上是君主制与民主代议制的混合，也是联邦制与中央集权制的混合。正是由于德国在政治上的保守与落后也就是德意志帝国对普鲁士军国主义传统与专制主义的继承，为其日后的扩张政策与其成为两次世界大战的策源地埋下了伏笔。

[①]　吴友法：《德国现当代史》，武汉大学出版社 2007 年版，第 15 页。

德国统一后，"铁血宰相"俾斯麦实际上成为德意志帝国的掌舵人，俾斯麦是一位被历史学家公认的伟大的"战略大师"，俾斯麦奉行的是一种"大陆政策"①。他认为，德国的过于强大一定会招致各国的围攻，要使德国获得相对稳定的外交环境与国际空间来发展就必须抛弃称霸欧洲甚至称霸世界的计划，否则只会遭到欧洲各大国的围攻。所以他认为德国只能拥有欧洲其他大国可以忍受的相对优势，建设"小德意志"就成为俾斯麦时期所一直推行的道路②。在德国统一之初的这一时期，德国外交政策的核心目标是要使欧洲列强无法形成孤立德国的反德联盟。在其布局庞大而复杂的大陆政策的同盟体系中，其建立的三皇同盟、三国同盟等同盟关系都是俾斯麦试图维持欧洲政治平衡，使德国避免因为过于强大而遭到欧洲列强孤立的努力。

德国皇帝威廉二世上台后，抛弃了俾斯麦的"大陆政策"，转而开始实行对外扩张的"世界政策"。在威廉二世的对外扩张政策下，德国开始了柏林—巴格达铁路的建设计

---

① "大陆政策"（德语：Kontinental politik）是德意志帝国首任宰相奥托·冯·俾斯麦在执政期间（19 世纪 70—80 年代）推行的对外政策。俾斯麦出于现实政治的考虑，认为德国的利益重心在欧洲大陆而不在海外殖民。"大陆政策"的策略是拉拢英国、联合奥匈帝国，以孤立和削弱法国并抑制俄国。徐弃郁：《脆弱的崛起》，新华出版社 2014 年版，第 40 页。

② Otto Pflanze, *Bismarck and the Development of Germany*, Volume II, Princeton University Press,2016.

划。柏林—巴格达铁路是德国在中东地区进行扩张的工具，在建设柏林—巴格达铁路的过程中，德国同时侵犯到了英、法、俄三国的利益，反映了复杂的多国博弈。随着矛盾的不断升级，最终德国陷入被英、法、俄三国孤立、包围的境地。所以，虽然柏林—巴格达铁路的修筑有利于德国在经贸方面的发展与在中东地区的利益渗透，但却因此导致自身外交上的被动与被孤立、包围的困局。因此，柏林—巴格达铁路的修建在战略上可以被认为是失败的。

德国在经济上实力逐渐强大后，由于经济实力的对比发生了深刻变化，而德国在抢占殖民地的狂潮中落后，并且德意志帝国日益强大的工业实力与商业需求使其对殖民地更加渴望，所以德国对世界范围内的大国势力格局即现有的殖民体系十分不满。德国经济的发展，重工业的高速发展，一定程度上导致其国内出现粮食问题与工业原料缺乏的问题。由于以上种种原因，德国日益要求重新分割世界，从英、法等国夺取商品销售市场、原料产地和投资场所，以获得利润①。

更为关键的是，德国虽是工业大国，但进出口贸易却逐渐出现了逆差。统计表明，德国进口总值 1887 年为 31 亿马克，到 1912 年增为 100 亿马克，增长率为 243.8%，同一

---

① 吴友法：《德国现当代史》，武汉大学出版社 2007 年版，第 38 页。

时期出口则由 31 亿马克增长到 89 亿马克，增长率却只有 185.4%。德国认为出现这种现象的主要原因是德国缺少海外殖民地，"若拥有一个连成一片的殖民帝国，就能使德国在大陆上赢得无可争辩的领导地位。"德国企业界的这一要求也自然得到当局所奉行的"新重商主义"政策的强有力支持①。

再者，德国国内原有的"二元矛盾"，即工业资本家与容克地主间的矛盾，工人阶层与容克地主和资本家的矛盾进一步加深。德国统治者也在寻找一种方式团结国内以确保社会稳定、统治稳固，而最有效的方式来转移国内矛盾并且争取国内各个阶层对统治者的支持和拥护就是推行一种强有力的对外政策。

在 18 世纪末到 19 世纪初这个时期，德国与俄、奥、意建立了并不稳固的同盟关系，但也可以算是使自身不至于被完全孤立。但由于其实力上升，打破了欧洲在德国统一前的势力平衡。而德国统一后的经济实力超越英国，又在政治上试图扩张并排挤英国，所以自然会让英国对德国有很大的不满。而法国作为德国的邻国与德国积怨极深，又是德国外交政策试图排挤孤立的对象，所以自然对德国的崛起也十分不满。要特别指出的是，在这种情况下俾斯麦的政策在中东地

---

① 费舍尔：《争雄世界》，商务印书馆 1987 年版，第 14 页。

区的体现就是不允许德国介入中东的纠纷，因为他认为此地区矛盾重重，不值得德国为之冒险，应当在此区域暂不谋求殖民利益①。这一时期，德国的外交局面已经十分复杂艰难，在俾斯麦的谋划下，德国勉强保持着相对平衡的外交局面。但是，这一局面很快就被打破了。

1888 年 6 月 15 日，腓特烈三世的儿子、29 岁的威廉二世登基。实行专制主义统治是威廉二世对内政策的主要特征，而外交上的"世界政策"即霸权外交更是其对外政策的核心。这一政策使德国完全打破了俾斯麦时代维持的有利于德国的欧洲均势，使德国一步步陷入被英、法、俄等欧洲强国孤立的局面，最终由于矛盾的不断升级引发了第一次世界大战。

最终在种种因素的作用下德国放弃了俾斯麦一直坚守并推行的"大陆政策"，从而转向具有明显霸权外交性质的"世界政策"②。而在此时期，铁路扩张政策也在威廉二世的推动下正式成为其"世界政策"的重要一环。

---

① W.Schwanitz, *Germany and the Middle East, 1871–1945*, Markus Wiener, 2004, p.159.

② 世界政策为 19 世纪 90 年代后期德意志帝国的外交政策。随着实力的膨胀，从谋求欧洲霸权转变为谋求世界霸权，抛弃"大陆政策"，开始推行"世界政策"。制定和推行世界政策的代表人物是威廉二世，于 1895 年 1 月宣布"德意志要成为世界帝国"。威廉二世对外政策的新路线，即大力扩大殖民地，积极扩建海军。

三、柏林—巴格达铁路修建过程中面临和引发的地缘政治风险

德意志银行最终在 1888 年 8 月 8 日中标伊兹米特到安卡拉的铁路修建的特许权，这标志着德意志帝国正式开始其在中东的铁路扩张。从 1888 年到 1914 年，德意志帝国修建柏林—巴格达铁路使欧洲列强尤其是英、法、俄极度忧虑，从而围绕这条铁路展开了一场长时间的经济与政治、外交博弈。其中值得注意的是，一战爆发前巴格达铁路的运营就已经出现了亏损，并且似乎并未达到德国推行铁路扩张时的目标。而战争的爆发宣告了德国通过非武力方式（铁路扩张）增强德国经济实力与地区统治力的尝试失败，到最终德国战败，铁路也就自然被英、法占据，德国的海外铁路建设功亏一篑。德国推行铁路扩张的失败也说明了在后俾斯麦时期德国"世界政策"的破产。

（一）修建柏林—巴格达铁路的具体过程：地缘政治风险是如何被引发的？

在 1888 年德意志银行中标伊兹米特到安卡拉的铁路项目后，德意志银行就在瑞士注册了安纳托利亚铁路公司来负责该工程。此公司由德国、英国、法国三国的投资人共同出资，这也是为了减少德国独资修建的投资风险。"并且在 1889 年 1 月，德国又以 600 万瑞士法郎的代价从奥斯

曼政府那里接管了从伊斯坦布尔到伊兹米特的那段铁路经营权。"①

1893 年，德国主持修建的伊兹米特到安卡拉的铁路项目完工通车。也是在 1893 年，奥斯曼政府向柏林发出信号，希望德国将铁路继续向东延伸；面对奥斯曼的这一要求，首先激烈反对的是英国，英国大使向奥斯曼提出了抗议，因为这会使英国遭受商业上与地缘政治上的严重损失。但由于德国就埃及问题威胁英国，使英国在此时期未能阻止德国继续延伸其在近东地区的铁路。而德国也在同年得到了修建土耳其安卡拉至科尼亚的一条支线的权利，"大约是从这个时候，近东铁路霸主的权杖开始从英、法手中向德国转移"②。

1899 年，德国与奥斯曼政府最终达成了修筑巴格达铁路的初步意向，德国获得了修建科尼亚—巴格达—波斯湾的铁路特许权，继续将已经建成的铁路干线向中东腹地延伸，1903 年德国成立了巴格达铁路公司全面负责此工程。加上之前由佐治·纳吉麦克创立国际卧铺车公司运营的"东方快车"（巴黎—伊斯坦布尔）已经成功运营十几年，德国若是将巴格达铁路修建成功，那么另一条从柏林到巴格达，历经

---

① 白若萌：《巴格达铁路与德奥（斯曼）关系》，硕士学位论文，西北大学，2008 年。

② 唐承运、刘亚臣：《巴格达铁路——德意志帝国向东方推进的重要工具》，《世界历史》1994 年第 4 期。

奥曼帝国到达近东地区的铁路大动脉就会不只具有旅游观光这一种用途，而是会将德国的势力完全推入近东与中东地区，会为德国掠夺巨额财富与控制土耳其甚至打破近东与中东的势力布局，以至于为导致欧洲均势的失衡埋下伏笔[①]。

到 1903 年的 11 月，巴格达铁路公司完成了修筑科尼亚到布尔古鲁 200 公里长线路的准备。1904 年 10 月，铁路通车。1909 年 12 月，经突鲁斯和阿马努斯山地的铁路也开始修建。1911—1912 年，德国的注意力开始集中在修筑阿勒颇以东的铁路上，并在 1912 年修到了幼发拉底河；另一条修到亚历山大勒塔的支线也在 1913 年 11 月 1 日通车。1914 年，大铁路即将收尾，第一次世界大战爆发。

德国人从开始修建柏林—巴格达铁路想达到的直接目的就是经济目的，也就是希望通过这条铁路帮助德国开辟更广阔的市场，并且掠夺更多的原料，"德国刚开始修筑铁路的 1888 年德国对土耳其出口货物总值达到 1170 万马克，到 1893 年出口货物就达到了 4090 万马克，增长率为 350%；土耳其对德国出口也从 230 万马克增长到了 1650 万马克，增长率达到 700%以上"[②]。

---

① ［美］乔治·E.柯克：《中东简史》，武汉大学《中东简史》翻译组译，湖北人民出版社 1975 年版，第 53 页。

② 唐承运、刘亚臣：《巴格达铁路——德意志帝国向东方推进的重要工具》，《世界历史》1994 年第 4 期。

　　到 1896 年，相比 1888 年德国向土耳其输出的产品增加了 2.5 倍，而从土耳其输往德国的原料与产品也均猛增到了 6 倍以上。而 1900 年以后，到第一次世界大战爆发前的 14 年间，德国对土耳其出口为 2 亿 5 千万马克，土耳其对德输出猛增至 1 亿马克以上。而从 1900 到 1910 年，"在此期间，在土耳其的进出口总额中，英国从 35％下降到 22.5％，而德国却增加了 5 倍之多"[1]，此外，德国还获得了在其修筑的铁路沿线开采矿物的权利，并且也获得了相较于其他欧洲列强石油开发的优先权。修建巴格达铁路同样刺激了德国自身经济的发展，德国的企业为修建铁路生产了更多的钢铁、钢轨、车身、车头等；德国的企业纷纷来到土耳其寻找更多的机会，德国东方棉花公司在美索不达米亚平原也开始进行农业投资；这一切也都说明在此时期，巴格达铁路的修建很好地带动了德、土两国的经济发展，也是因为这条铁路，德国才有机会将资本与势力开始植入中东地区。[2]

　　柏林—巴格达铁路表面上看起来似乎是成功的，但是随着铁路修建步伐的推进逐渐触碰到英国的底线，并且同时使得法、俄对德不满情绪逐渐增强，实质上铁路的修建已经开

---

[1]　Edward Meade Earle, Turkey, *The Great Power and the Bagdad Railway: A Study in Imperialism*, NY: The Macmillan Company, 1923, pp. 104–105.

[2]　王健：《试论 19 世纪末 20 世纪初德国对中东的经济渗透》，《史林》1990 年第 2 期。

始让德国在国际政治领域渐渐受到更大的压力，即英、法、俄对德国开始孤立、包围。①

鉴于巴格达铁路实际取得的经济成果，战术上可以称之为胜利；但是德国由于铁路修建而使自身在政治上开始陷入被孤立包围的境地，紧张局势又不断升级，直至第一次世界大战爆发。这就说明，德国将修建巴格达铁路作为其在国际政治大战略上的一环是极其失败的。

（二）英国对柏林—巴格达铁路修建的阻碍

英国对于德国修建巴格达铁路的态度分为两个阶段，第一阶段就是在德国人于 1899 年获得修建科尼亚—巴格达—波斯湾的铁路特许权之前。这一时期，英国对巴格达铁路采取了容忍的态度。一方面，德国在土耳其的势力扩张能够压制俄国这一英国重要的竞争对手；另一方面，英国在南非的殖民利益也需要来自德国的支持。因此，虽然英国拒绝了德国融资修建铁路的要求，但没有采取进一步的激烈反应。

第二阶段就是在德国人拿到特许权之后，这时英国已完全无法再忍受德国的行为，英国方面很快就意识到柏林—巴格达铁路的巨大威胁。尤其当知道德国人想在波斯湾设立港口后，英方的态度立刻发生了变化。当时的英国已经在波斯南部收购了大量油田，作为海军和其他工业部门的新兴能源

---

① ［美］弗：《第一次世界大战的起源》，商务印书馆 1959 年版，第 90 页。

产区。德国人的过度深入开始让伦敦当局产生警觉，也使英国的海运公司面临来自德国铁路的强大的竞争。一旦这条铁路大动脉完工，就会成为德国经巴尔干、小亚细亚到达波斯湾的"快车道"，会完全威胁到英国在中东的战略地位，更重要的是，会威胁到埃及的苏伊士运河和波斯湾，这是大英帝国最重要的一条"输血管"，连接着英国最重要的海外殖民地——印度，英国绝不能容忍任何势力染指波斯湾，威胁印度①。同时，英国根据搜集到的各类情报，显示德国人一直在不断赔钱运营。整个项目的回本似乎遥遥无期，更凸显了其本身所潜藏的非经济属性。

因此，英国开始激烈反对，尤其是反对将铁路的终点定在巴士拉。在港口问题上，英国非但在政治上反对，并且在德国试图绕开英国与科威特直接进行谈判时，英国将军舰开到了波斯湾以作威慑；在之后 1914 年签订的《巴格达铁路条约》中，虽然英国同意了将终点定在巴士拉，但其中所提到的附加条件也使德国完全无法染指波斯湾。毕竟，只要德国人最终修建铁路到波斯湾并且在那里建立港口的计划没有完成，那么英国海军对波斯湾的控制便无人可以撼动。而且在《巴格达铁路条约》中，德国保证只将路线铺设到巴士拉，且尊重英国在波斯湾、两河流域以及海上的权益。

① ［苏］赫沃斯托夫：《外交史》第二卷，高长荣等译，生活·读书·新知三联书店 1979 年版，第 127 页。

在德国修建铁路期间，由于英、德的紧张关系以及铁路对英国的威胁，所有德国修建铁路涉及的英国公司几乎都对德国的货物采取消极怠工的做法，甚至收取高价，而德国如果不与英国公司合作，则成本又会大大提高，因为修筑铁路的原材料需要通过英国的船运公司沿着底格里斯河北上巴格达，如果不与英国的船运公司合作，那么德国自己组建船队运送原材料则会花费不菲的成本。

这些因素也都使德国修建铁路的进程被不断拖慢。而且在铁路修建期间多次出现资金链断裂的情况，英国不光阻挠德国在英、法等国融资，而且在土耳其试图提高关税来支持铁路建设时[1]，英国也在与法、俄商议的过程中，故意拖延时间，并且反对，在最终经历两年通过同意土耳其关税增加来支持铁路建设时，很明显已经严重耽误了工期，使巴格达铁路公司已经无法按时完成协议所规定的修筑计划[2]。

而就在谈判关于增加土耳其关税问题期间，在英国主导下，英国与俄、法分别于 1904 年 4 月和 1907 年 8 月缔结了英法协定和英俄协定，加上法、俄在 1892 年早已经签订过

---

[1] 1903 年，奥斯曼政府财政极度困难，政府已经无力再给铁路修建投入任何资金。苏丹从 1881 年起已经无法控制本国的财政。鉴于此，巴格达铁路公司决定暂时停工，奥斯曼政府决定提高关税的 3%，以供铁路修建，但此举遭到英、法、俄的抵制，所以进行了长期的谈判商议。

[2] 王绳祖：《国际关系史第三卷：1871—1918》，世界知识出版社 1995 年版，第 89 页。

法俄协定，至此三国协约正式成立。而英、法、俄一致反
对德国修建巴格达铁路也自然是三国协约成立的一个重要
条件。

所以，总的来说，英国从一开始就对德国的铁路扩张计
划十分反感，等到德国有意将铁路向中东扩张甚至扩张至波
斯湾沿岸时，则碰触到了英国的底线，英国便至此开始动员
所有的政治能量甚至不惜武力威胁来阻止德国铁路计划的实
现，最终英国利用法、俄对德国的不满与担忧成立了三国协
约以对抗德国。在德国修建巴格达铁路的十几年间，德、英
就是在这样的外交博弈之中不断加深对对方的敌意。

（三）法国对柏林—巴格达铁路的态度及其转变

法国对于巴格达铁路的态度也比较特殊。与英国不同的
是，在德国修建巴格达铁路的前期，法国国内对于这一问题
的态度是分裂的，因为法国的银行家与金融业投资者均参与
了巴格达铁路的前期投资，所以法国的投资者们对巴格达铁
路的态度是支持的，因为他们也希望借此机会狠捞一笔①。

但从政治的角度上来讲，德国修建巴格达铁路是与法国
的国家利益不符的。首先，德国通过巴格达铁路会实现自身
实力的增长，而法国自从普法战争战败后一直视德国为其最
大的敌人，德国势力的过度扩张是法国所不能容忍的。其

---

① 唐承运、刘亚臣：《巴格达铁路——德意志帝国向东方推进的重要工具》。

次，俄国是法国在欧洲对抗德国最有力的盟友，从 1892 年签订法俄协约开始，俄国就是法国抗击"三国同盟"最为依仗的盟友。巴格达铁路的修建是对俄国极大的威胁，因为铁路如果建成，德国极有可能将俄国的势力从土耳其完全排挤出去，从而使俄国有丧失巴尔干地区影响力和黑海出海口的风险。所以，盟友的敌人也就是自己的敌人，要维护法俄联盟也必须反对德国修建巴格达铁路；只有这样才有可能保持欧洲的均势，才有可能更好地遏制军事与经济实力已经远超法俄的德国，于是法国不断强调"面临共同的敌人，法俄自然要建立起共同的防御"。所以法国政府坚决反对德国的巴格达铁路项目，并从 1904 年起"不允许法国公司参与德国巴格达铁路项目，并且禁止有关德国公司的股票在巴黎上市"①。

（四）俄国对柏林—巴格达铁路的态度及其转变

俄国对于德国修建巴格达铁路的态度一直是明确的，俄国是明确反对德国修建巴格达铁路的，因为铁路如果建成，德国极有可能将俄国的势力从土耳其完全排挤出去，从而使俄国有丧失巴尔干地区影响力，失去南下的出口和黑海出海口的风险。但是，此时的沙皇俄国正在伊朗问题上与英国有较大冲突，在远东地区也投入了较大的兵力进行扩张；而且

---

① 王绳祖：《国际关系史第三卷：1871—1918》，世界知识出版社 1995 年版，第 172 页。

国内也是矛盾重重，虽有心但却无力阻止德国对土耳其的渗透和利用铁路进行的扩张行动，而德国也完全看到了这些，并未理会俄国的任何要求。所以最终俄国就巴格达铁路问题与德的交涉只能以失败告终。虽然无力反击德国，但俄国此时已经与德国越走越远，在地缘政治上完全站在对立面，所以当英国在欧洲大陆寻求反德联盟时，俄国便成了其中的一员。最终与英国签订英俄协约，英、法、俄三国协约成立。

（五）欧洲地缘政治的失衡

早在德国统一完成后，欧洲大陆的均势可以说已经被打破，由普鲁士主宰的德国已经在经济、军事实力上远超过俄国与法国；在俾斯麦时期的德国，俾斯麦用了一套复杂的"体系计划"，利用三皇同盟、三国同盟等条约来使法国陷入孤立，并且拉拢俄国的同时，也不挑战英国即不发展海军也不觊觎英国的殖民地①。

但随着威廉二世推行"世界政策"的冒进，并且开始与英国对抗，英国外交政策的战略重心自然又回到了其保持百年的传统——重建欧洲的均势。在这个时期建造柏林—巴格达铁路，无疑是不合时宜的，甚至可以说是德国政策的一大败笔，因为在英国已经开始对德国进行再平衡时，英国采取的策略是"希望将英德对抗转化为德国与整个欧洲均势体系

---

① 王黎：《欧洲外交史：1494—1925》。

的对抗，因此德国要挣脱欧洲约束的意愿越强烈，各国对德国的约束就越紧"①。

在此状态下德国最不应实行的政策就是那些会引发多个欧洲强国不满的政策，尤其是引起英、法、俄的不满；而巴格达铁路的建立则是同时引起了英、法、俄的不满，尤其是英、俄反对最为强烈。其中英国与德国在巴格达铁路上的分歧由于威胁到英国的核心利益是完全不可调和的，而俄国也是在近中东地区有众多关切利益的国家。法、俄原本相对德国的实力就已经是弱势了，且德国与法国还是世仇，而德国在巴格达铁路问题上的咄咄逼人更使法俄担心德国势力的扩张对它们自身安全的威胁，从而促使法、俄与英国越走越近，最终签订了三国协约。签订三国协约也就意味着英、法、俄正式与德、意、奥三国同盟开始抗衡，从而进一步升级了欧洲的紧张局势，最终引发第一次世界大战。

四、柏林—巴格达铁路失败的教训

巴格达铁路的修建使得德国在这一问题上同时引发了英、法、俄三国的不满，从而侧面推动了英、法、俄三国协约的签订，使得德国在外交上陷于十分被动的地位。因为修建巴格达铁路导致德国陷入被英法俄孤立的地位，所以这条

---

① 吴征宇：《〈克劳备忘录〉与英德对抗》，广西师范大学出版社 2014 年版，第 26 页。

铁路在战略意义上是德国的失败，尽管在经贸领域使德国尝到了好处，但也都是短期的，这些经济贸易上的好处也都随着第一次世界大战的爆发而烟消云散。第一次世界大战后，德国失去了所有的海外殖民地，连巴格达铁路的所有权也被转移给了英、法。

"德国的扩张主义者很早就已经提出了一种观点，那就是德国的扩张是为环境所迫，其目的也是为了获得自身的安全。但是这种说法是不能够使人信服的。即使对德国国际地位粗略一瞥也会发现，这个国家的脆弱性和不安全是由其自身的侵略性政策所造成的。"①

在威廉二世成为德国皇帝时，其领导下的统一的德国经济繁荣发展，经济增长高于同时期的所有欧洲国家，英国实际上在经济与贸易领域并没有压制过那个时期的德国，英国在很大程度上都在保持其自由贸易的传统，并且在这一时期，德国对英贸易也一直处于盈余的状态。②

因为德国不断地选择一些侵略性的政策与霸权外交的道路，造成了它被以英国为首的各国所包围、封锁，最终走向战争。而站在总体实力远强于德国领导下的同盟国的协约国的对立面的德国也就自然要走向战败。其中，德国对近东、中东地区的铁路扩张政策就毫无疑问是欧洲列强眼中极具侵

---

① ［美］杰克·斯奈德：《帝国的迷思》，北京大学出版社 2007 年版，第 75 页。
② ［美］杰克·斯奈德：《帝国的迷思》，第 78 页。

略性的政策之一。

反思德国修建巴格达铁路的失败教训，关键是德国在威廉二世执政后抛弃俾斯麦的"大陆政策"。德国还正在崛起过程当中，虽然陆军力量已经称霸欧洲，但海军仍不是英国的对手，在此时期放弃俾斯麦时期不与英国对抗的政策反而与英国进行全面对抗绝非明智之举，而修建巴格达铁路则会威胁到英国在中东的统治地位，并且威胁到英国最为看重的波斯湾和印度殖民地，这是英国极为看重的核心利益，所以一旦德国试图威胁，英国一定会全力反击。而且俾斯麦时期一直致力于联合俄国孤立法国，修建巴格达铁路却触及了俄国的重要利益，使得俄、德交恶，就这样轻易地放弃与俄国交好也使得德国一旦被卷入战争就要承担两线作战的劣势局面；法国一直以来是德国压制的对象，法国最不愿意看到德国的势力持续扩大，所以德国修建巴格达铁路法国是一定会反对的，而英、俄对德不满又是法国最愿意看到的情况，所以德国修建巴格达铁路使英、法、俄越走越近，最终联合起来对抗德国。

第三节　法国铁路的地缘政治史

随着 1823 年圣埃蒂安（St-Etienne）至昂德雷济约（Andrézieux）的铁路开通，法国开启了铁路交通建设。然而，法国人出于对新技术的审慎与对传统贵族礼教的固守陷入对铁路的保守与质疑。工业化进程不断深入，以及国家间战略竞争加剧促使法国意识到铁路对经济、政治、文化等各领域的潜在影响，铁路扩张政策也成为法国对外战略的重要组成部分，在殖民竞争、欧洲联合中发挥出显著影响。法国铁路发展的地缘政治史大致分为四个阶段：（1）19世纪20—70年代，六大铁路公司构建起联通法国及欧洲地区复杂紧密的区域铁路网，法国铁路发展进入建国与强国时期；（2）19世纪70年代至第一次世界大战爆发，法国的殖民扩张战略中的亚洲"环北部湾"政策及在非洲的"新法兰西"计划均涉及广大的铁路部署与建设；（3）两次世界大战期间，国内政治与经济危机使法国铁路陷入惨淡经营阶段；（4）第二次世界大战以后，法国积极推动建立欧洲共同交通运输系统，以深化欧洲一体化改革，法国铁路战略进入泛欧联合时期。

1823年，法国修建国内第一条铁路，连接了位于中央高原的圣埃蒂安（St-Etienne）和昂德雷济约（Andrézieux），拟将煤矿运送至卢瓦尔河。这一良好开端却由于对新技术的审慎与对传统贵族礼教的固守陷入保守与质疑，因此，国内铁路建设始终发展缓慢，到19世纪60年代之前，只有些零散的线路。然而，随着工业化进程不断深入，以及国家间战略竞争加剧，法国逐渐意识到铁路在地缘政治方面占据的重

要地位，对经济、政治、文化等各领域的潜在影响使铁路扩
张政策迅速成为法国对外战略的重要组成部分，在殖民竞
争、欧洲联合中发挥出显著影响。法国铁路发展的地缘政治
史可以分为四个阶段：建国与强国时期、殖民扩张时期、惨
淡经营时期、泛欧联合时期。

一、建国与强国时期（19 世纪 20—70 年代）

1823 年，复辟的法王国国路易十八签署了一项法令，准
许修建一条 11 英里长的铁路线。就这样，法国的第一条铁
路出现在了国内的产煤区，用于将煤矿运送至卢瓦尔河。货
运—客运两用铁路线在稍后几年出现。1833 年，圣埃蒂安—
里昂（Lyon）线开通，虽然此时的车厢还是根据马车来设计，
但要精致很多——铺位被隔成了单独的隔间，这种设计后来
成为世界各地早期铁路的蓝本。法国铁路的发展有个良好的
开端，加上当时大一统的政治环境，按理说建设速度会远远
快于还未统一的德意志，但事实却正好相反——法国的铁路
发展非常缓慢，到 19 世纪 60 年代之前都只有些零散的线路。
造成这种局面的一个原因是法国人对新技术的怀疑。巴黎的
知识分子曾就"铁路是否会破坏乡下的和平与宁静""是否
代表了进步与发展"展开激烈的争论。另一个原因则是出于
经济实用主义的考量。得益于拿破仑的执政，彼时法国的公
路网大大优于"铁路先驱"英国，运河也更为开阔，这就使

得铁路对投资者来说显得不那么诱人。铁路网格太宽，无法覆盖所有土地，导致许多村庄虽然离铁路线只有几英里远，实际上却比驿马车穿过或经过附近时更孤立。①

不过这一时期有两件重要的事情被载入史册。一是法国第一条主干线——12 英里长的巴黎—乐佩克（Paris-Le Pecq）铁路开通。它的主要功能是客运，投资来自著名的金融家族罗斯柴尔德（Rothschild）。二是 1837 年国家铁路发展计划的出台。这项由市政工程部长路易斯·罗格朗（Louis Legrand）主持的计划，旨在建设以巴黎为核心向外辐射的铁路网。罗格朗构思了一种公私合营的合作关系，由国家负责铺设路基，修建所需的隧道和桥梁，而私人公司则负责铺设轨道、提供火车。了解之后的铁路史会发现，这种合作关系实际上准确地定义了未来铁路线的开发模式。罗格朗法案的另一个结果，则是催生了拥有资源和能力建造区域铁路网的六大铁路公司的建立，它们的出现是全国性铁路系统形成的基础。北部铁路公司（Compagnie des chemins de fer du Nord）是法国出现的第一家铁路公司，成立于 1845 年，资金来源于罗斯柴尔德银行。它不仅服务于工业化迅速发展的加来海峡（Nord-Pas de Calais）地区和靠近英吉利海峡的城市布伦（Boulogne）、敦刻尔克（Dunkerque）和加来

---

① Eugen Weber, *Peasants into Frenchmen: The Modernization of Rural France, 1870–1914*, Stanford University Press, 1976.

（Calais），还迎合了桑利斯（Senlis）和尚蒂伊（Chantilly）等被巴黎人蜂拥而至一日游的城市，再加上它服务的地区比较紧凑，因此北部铁路公司是一家一直在盈利的公司。成立于 1851 年的西部公司（the Ouest）的服务区域覆盖了布列塔尼（Brittany）和诺曼底（Normandy），那里人口相对较少，也没有大型工业区聚集。迷迪公司（the Midi）是六家公司中唯一与巴黎不相干的公司，它的服务范围以西海岸的波尔多（Bordeaux）地区为中心，后来在比利牛斯山（Pyrenees）和中央高原（Massif Central）也修建了一些坡度陡峭的铁路。东部公司（the Est）成立于 1953 年，主要运营跨瑞士边境通往巴塞尔（Basle）的火车和一条在巴黎东南部蒙特罗（Montereau）和特鲁瓦（Troyes）之间的小型铁路线。巴黎—奥尔良（Paris-Orléans）公司则服务于主要的省级中心，如图尔（Tours）、波尔多、里摩日（Limoges）和克莱蒙特—费兰德（Clermont-Ferrand）。最后一家公司是著名的巴黎—里昂—地中海（Paris-Lyon-Méditerranée）公司，它运营着从首都到里昂的主干线，后来成为法国最大的铁路公司。

法国铁路在法案的推动下飞速发展起来，水运、公路交通的存在取决于铁路取代它们的速度。铁路庞大的资本需求以及第二帝国闻名的城市改善需求耗尽乡村公路的预算，政府也许下支持铁路建设的诺言——要将铁路发展到"六角形"最遥远的角落。因此，尚未开通铁路的地区表现出越来越多的不满，迫使政府在 1865 年出台了一部法律，给予各省市修建与主干线相连的小型支线的权力，长度在 30—50 公里之间，保证由国家拨款。这项法律解决了六大公司不愿意在看不到回报的地区修建铁路的顾虑。在不到十年的时间里，六大公司控制了几乎所有 21000 公里的铁路，在它们之外，另有 35 家公司运营者修筑了将近 4400 公里的铁路。然而，正如股市的过分繁荣可能会导致大萧条一样，全国对铁路的狂热很快吸引了投机者的加入——它们申请开发一些没有足够经济利润的线路，却能够从国家那里得到补贴。结果，这些铁路都陷入亏损。

正是在这种情况下，国有化铁路网的建立被提上日程。一些举步维艰的小公司首先向巴黎—奥尔良公司提出申请，希望被这家大公司吸纳。遭到拒绝后，它们转向了乔治·克列孟梭（Georges Clemenceau）政府。1878 年 5 月，总理同意接管这些公司，声称国家能通过私人无法实现的强制合理化来更好地管理这些铁路网。公共工程部长、工程师夏尔·德·弗雷西内（Charles de Freycinet）制订了全力发展交通运输业的计划，即著名的弗雷西内计划。其目标是完成铁路网的建设，完善水路航运体系。① 为此，法国政府拨出 50 亿法郎的巨款，声称新政权不会出现萧条，并通过投

----

① 沈炼之:《法国通史简编》，人民出版社 1990 年版。

入资金赞助和参与铁路线管理将政权影响带入农村。[1] 这就是全盘国有化的开端，但余下的铁路网要再花 60 年，直到第二次世界大战爆发前夕，才合并在一起组成了今天的法国国营铁路公司（Société nationale des chemins de fer français, SNCF）。铁路将更多法国人带入市场，允许他们喝到更多种类的酒或以高价出售葡萄酒，或种植以前无法销售的农作物，并放弃种植现在可以更便宜购买的其他作物。

二、殖民扩张时期（19 世纪 70 年代至第一次世界大战）

19 世纪末至 20 世纪初，资本主义进入帝国主义阶段，西方列强掀起了瓜分世界的狂潮。法国依托雄厚的实力和高傲的心态，在亚洲及非洲等广大不发达国家及地区大力推行铁路扩张政策，还在印度洋、大洋洲和美洲建立广泛的殖民帝国。为了在经济上获得控制权，完成对该地的占领，法国大肆修建铁路。1876 年，法国获得在突尼斯建造从首府突尼斯（Tunis）到坚杜拜（Jendouba）铁路的权利，1882 年推动修建非洲第一条铁路，1887 年开始资助越南殖民当局修建铁路。[2]

---

[1]　Eugen Weber, *Peasants into Frenchmen: The Modernization of Rural France, 1870–1914.*

[2]　瞿伟：《法国殖民统治时期的越南经济研究》，硕士学位论文，贵州师范大学，2015 年。

铁路成为法国殖民扩张的有力手段，并且取得显著效果。尤其是 19 世纪末到 20 世纪 20 年代，这 30 年是世界筑路高潮时期，也是铁路的黄金时代。这期间，法国主要从经济角度关注交通运输网络带来的政治转化收益。其中，铁路部署与建设成为亚洲"环北部湾"政策及"新法兰西"计划的重要组成部分。

随着帝国主义对亚洲殖民地争夺矛盾加剧，法国在印度的失利促使其转向越南，企图以此为据点，扩大对远东的侵略。早在 19 世纪 60 年代和 70 年代初，外国商人、教士和"矿学家"如庞培理、安特生（瑞典）、威廉逊（英国）、李希霍芬（德国）等人就深入中国内地到处考察矿产资源，纷纷撰写报告，为如何开采、如何修筑铁路以解决运输问题提供建议。[1] 为增强陆上机动性和通达性，为贸易开辟快速通道，法国开始实施"环北部湾"政策（Le Bulletin Économique de l'Indo-Chine）。起初，法国通过南圻远征（Campagne de Cochinchine）在南圻地区建立殖民地，让·迪皮伊（Jean Dupuis）看到了通过松锦湾（Song-koï）或红河从北部湾（越南称之为"东京湾"，Le golfe du Tonkin）取道中国云南的相对便利，通过 1874 年签署《第二次西贡条约》开放归仁、海防等通商口岸，获得北圻控制

---

[1] 孙毓棠：《中国近代工业史资料（第一辑 1840~1895 年）：上册》，科学出版社 1957 年版，第 15 页。

权，得以全力落实越南内部铁路网铺设。①

19 世纪 50 年代起，法国开始大规模染指西非，试图建立"新法兰西"非洲（La Nouvelle-France）。1895 年和 1910 年，法国相继建成了法属西非（包括今天 8 个西非国家）和法属赤道非洲（包括今天 4 个西非和中部非洲国家）的庞大殖民地。为了运出非洲丰富的矿藏和物产，便于迅速调集兵力，法国决定以铁路将各殖民地连接到一起。铁路，或更确切地说是铁路计划，在法国帝国主义殖民非洲的历史上具有特殊意义，这在跨撒哈拉和塞内加尔—尼日尔铁路计划对法国在 1879 年殖民扩张中所起的核心作用就可以清楚地看出。②1882 年，法属苏丹（包括今天的塞内加尔和马里）总督拉普拉德将军（Gouverneur Pinet-Laprade）推动修建了法属非洲最早的铁路线——达喀尔—圣路易铁路（全部在今塞内加尔境内）。③1881 年，法国计划修建卡伊—巴马科铁路，1904 年贯通。到 1970 年，非洲共有铁路 76530 公里。④

---

① Edmond Plauchut, "Le Tonkin et les Relations Commerciales", *Revue des Deux Mondes*（1829–1971）, *Troisième Période*, Vol.3,No.1,1874, pp.147–171.

② T. W.Roberts,"Republicanism, Railway Imperialism,and the French Empire in Africa, 1879–1889". *The Historical Journal*, Vol.54, No.2（2011）, pp.401–420.

③ 《中国接续西非铁路百年梦想》，2015 年 12 月 30 日，见 http://m.thepaper.cn/newsDetail_forward_1414922。

④ 陈国飞：《殖民主义统治在非洲的客观历史作用》，《青海师专学报》1995 年第 2 期。

　　法国在非铁路政策主要以开采并运输矿物资源为目的，设计路线基本自矿山到港口。铁路既成为通往港口的支线，又是联通内河航线的桥梁，如图 3–1 所示。在塞内加尔西海岸，法国通过沙漠和森林之间的灌木和草原（荒漠草原和热带稀树草原）走廊向东发展，将领土扩展到内陆，与北部法属几内亚、科特迪瓦和达荷美建立联系，阻断英国在非殖民地的整合。①

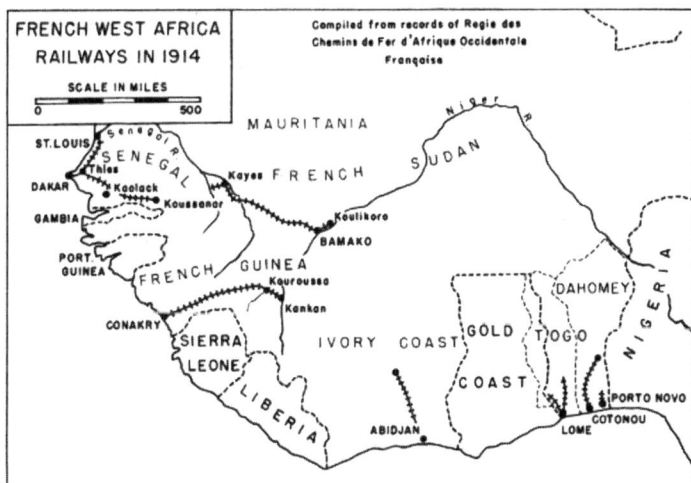

图 3–1　法国 1914 年西非铁路分布图

来源：Benjamin E. Thomas, "Railways and Ports in French West Africa", *Economic Geography*, Vol. 33, No. 1（1957）, pp. 1–15.

---

① 　Benjamin E. Thomas, "Railways and Ports in French West Africa", *Economic Geography*, Vol. 33, No. 1（1957）, pp. 1–15.

三、惨淡经营时期（两次世界大战期间）

第一次世界大战后，由于国内政治动荡，经济衰退，法国无暇继续落实对外战略，呈现出消极防御特点。由于担忧铁路可能煽动工人阶级的革命精神，促使其加入更为广泛的国家社会主义和国际共产运动，法国精英对铁路及铁路工人保持严密监督，甚至禁止铁路公司直接雇佣外国工人。[①] 经济危机使铁路遭遇严重的资金难题，通货膨胀以及严重的财政赤字使铁路产业陷入其他产业面临的危机。这时，法国人民阵线政府于 1938 年将铁路完全国有化，同年成立了法国铁路公司（SNCF），100% 国家股权。第二次世界大战中，法国本土被占领，大量基础设施被破坏，铁路依旧惨淡经营。此后，法国始终坚持以国营为主体，建立了完善的城市与区域铁路交通网络，加强了城市之间的联系。虽然汽车的发明与推广给铁路带来巨大的竞争压力，法国铁路交通网络逐步在短距离和部分中程距离交通中让位汽车，但铁路在长距离大宗商品及包裹运输中重组升级，依旧在交通运输中承担重要作用。[②]

---

① Thomas Beaumont, *Fellow Travellers: Communist Trade Unionism and Industrial Relations on the French Railways, 1914–1939*, Liverpool, Liverpool University Press, 2019.

② A. Demangeon, "LES CHEMINS DE FER FRANÇAIS", *Annales De Géographie*, Vol. 42, No. 239（1933）, pp. 449–460.

四、泛欧联合时期（第二次世界大战至今）

二战结束后，法国通过一系列工业复兴计划开始重建经济，逐渐恢复元气。20 世纪 50 年代，美国"马歇尔计划"推动"欧洲联合"在欧洲大陆形成广泛共识，道路联通成为增进国家间交往与合作的重要方式。作为推动欧洲一体化建设的轴心国，法国对欧洲大陆铁路网建设青睐有加，不仅将基础设施联通视为国家对外战略重要组成部分，还在欧盟等国际层面大力推动公共交通运输政策的建立。产业、政策、市场等领域的一体化建设一步步消除道路交通壁垒，为欧洲共同的交通运输系统扫清障碍。

20 世纪 50 年代，泛欧铁路网建立。欧洲共同体的成立不仅推动欧洲国家组成经济联盟，并且逐步向政治、经济、社会联盟发展。1957 年，《罗马条约》规定了共同运输政策的目标，逐步实现共同体内的跨国境运输及其在其他国的运输权。1988 年，欧洲铁路共同体（CER）成立，机构设在布鲁塞尔，共有 25 个国家加入。1994 年 12 月，欧洲共同体委员会决定把关系到共同利益的 14 项交通基础设施计划列为最高优先项目，其中 8 项是铁路项目。1996 年，欧盟委员会公布了《复兴共同体铁路战略》白皮书。《面向 2010 年的欧洲运输政策》（*European Transport Policy for 2010*）白皮书指出，振兴铁路是实现各种运输方式平衡发展的一个关键因素。① 由此看来，欧洲各国已对此形成共识，欧洲一体化离不开交通运输联合，贯通的铁路网络、一致的工程标准、密切的管理协作将打破传统地缘政治逻辑，深化欧洲共同体意识，共谋发展大计。2014 年，欧盟交通部长非正式会议宣布了一份泛欧铁路网优先建设发展的 9 条动脉线路规划，称为 9 条"走廊"方案。2015 年，欧洲新增三条铁路走廊，铁路成为最可持续的运输方式，深化欧盟单一市场建设。

　　法国国内一方面加强铁路技术研究，于 20 世纪 50 年代成功研制出电气化快速列车，将列车的运行速度提高到 330 公里／小时；另一方面积极开展铁路合作项目，吸引欧盟其他国家参与。1991 年 10 月，里昂—都灵铁路项目在维泰博举行的法意峰会后启动，吸引了意、法两国实业家和政治界的关注，加强了欧洲委员会对跨欧洲区域运输网络发展的信心与决心。1992 年，巴黎—里尔北线建成，继而向北延伸到比利时，形成了连接巴黎—布鲁塞尔—阿姆斯特丹的 Thalys 线，随之向西延伸，通过 50 公里长的英吉利海峡隧道，与英国相连。1994 年，"欧洲之星"高速列车正式开通。2002 年，欧洲高速铁路总长 3260 公里，其中一半在法国境内。②2008

---

① 侯敬：《关于欧盟铁路支持政策的研究》，《铁道工程学报》2008 年第 11 期。

② Aljaž, PLEVNIK, "High-Speed Railway Connections – the Next Slovene Centenial Infrastructure Project?", *Urbani Izziv*, Vol. 16, No. 1（2005），pp. 152–155.

年以来，受法国"国家经济复苏计划"推动，高速铁路建设步伐进一步加快，多条线路已经动工。

然而，近年出现的欧洲危机和 SNCF 的市场力量（例如面对意大利铁路公司 Trenitalia）限制了国际客运线路的开放。[①] 法国国家铁路公司（SNCF）为执行欧盟关于铁路运输服务的市场开放指令，将 SNCF 定位为一家拥有公共资本的国营公司，遭到国内铁路工会的强烈抵制。无论是日本、法国、德国、西班牙等传统的高速铁路发展强国，还是美国、俄罗斯、澳大利亚等高速铁路"新兴成员"都对高速铁路表现出浓厚兴趣，并提出了规模庞大的高速铁路建设发展远景设想。[②] 不得不说，法国铁路政策与欧盟共同交通政策全面对接依然面临诸多困难与挑战。

第四节 沙皇俄国的铁路扩张史

本节内容概要：作为近代欧陆大国，沙皇俄国地缘战略

---

① Laurent, Guihéry, "Emergence de la concurrence dans les chemins de fer en Allemagne et en France : quels enseignements tirer de la thèse（1914）de Walter EUCKEN sur l'émergence de la concurrence dans le transport maritime au tournant du siècle dernier?", *Revue d'Économie Régionale & Urbaine*, Vol. février, No. 1（2013），pp. 231–255.

② 王德华：《打造"环球高铁"的地缘政治风险分析与对策研究》，《上海经济》2016 年第 5 期。

的制定和实施极大影响了世界政治与经济格局。本节系统分析了沙俄的地缘区位特征与铁路的地缘政治，归纳了沙皇俄国各阶段铁路地缘战略演进。横跨欧亚大陆拥有特殊地缘优势的沙俄自始至终都在追求控制所谓"心脏地带"。克里米亚战争之后，"心脏地带"战略优势逐步增加，沙俄为有效动员全国资源、发挥其潜力、使力量的天平向陆权倾斜而大力发展铁路，逐渐将整个"心脏地带"政治与经济空间紧密连为一体。

历经大北方战争、俄土战争、俄波战争、拿破仑战争之后，沙俄成功获取欧陆举足轻重的陆上大国地位。克里米亚战争失利之后，沙皇大刀阔斧进行改革，在欧陆暂时采取战略性的撤退，进而奉行韬光养晦政策，并且以《铁路网发展规划》为开端，开启了欧亚大陆核心地区的铁路时代。面对变化多端的欧洲地缘政治格局，以及大国挑战，沙俄始终秉持着以控制欧亚大陆为核心的地缘战略，通过建设全国铁路网，军事前沿部署，内部经济一体化与工业化等策略来确保其欧陆大国的地缘政治目标。进入 19 世纪中后期，随着工业革命与资本主义的发展，沙俄铁路被赋予新的战略意义。跨里海、跨咸海、跨西伯利亚大铁路先后建成，进一步凸显沙俄控制欧亚大陆核心地带以确保大国地位的战略意图。

作为具有世界性影响力的大国，沙俄对外关系折射出国际风云的变换，铁路在此过程当中发挥了不可忽视的作用，其战略意义重大。随着铁路线的建立，沙俄掌控"心脏地带"的战略优势逐步增加，从而成为地缘大棋局中的主导性力量。沙俄跨西伯利亚铁路的建设，无法回避大英帝国所主导的全球政治体系，其行为最终引发区域地缘政治矛盾与军事冲突。鉴于沙俄在国际经济政治体系中的特殊地位，沙俄作为区域性大国发展的地缘战略长期以来引发了各国学者的系列研究。

一、沙皇俄国铁路的地缘政治：概念厘清与文献梳理

关于沙俄铁路的地缘政治性质，即沙俄铁路建设所面临的和引发的地缘政治博弈，其本质是思考沙俄在特定历史条件下的自我身份定位与地缘政治环境的变化如何推动铁路发展，以及沙俄铁路建设如何改变其国力和地缘政治格局。本文将沙俄铁路发展史、地缘政治相结合，尝试重新解读和定位沙俄铁路对欧亚地缘空间的塑造作用及其引发大国博弈的缘由。目前跟沙俄铁路地缘政治相关的研究可分为两大类：第一类是沙俄铁路史的研究；第二类是沙俄地缘政治研究，包括铁路的地缘政治研究。

首先是沙俄铁路史研究。这类研究以沙俄境内的铁路发展史作为研究对象，着重记录了铁路作为一项技术和一个产业在沙俄的发展历史，关注其带来的社会经济变化。

历史学家伊万诺夫在其文章《以英吉利铁路为例的不列颠军事技术创新与在其 1853—1856 年克里米亚战争获胜过程当中所发挥的作用》（Британские военно-технические инновации на примере английской железной дороги и их роль для достижения победы в Крымской войне 1853–1856 гг.）中对英军在克里米亚半岛所建的铁路基础设施布局与结构，以及在战场上所发挥的战略性作用进行了详细探讨。他高度评价英军在战争期间所建设的铁路线及其有关基础设施，视该决策为明智之举，而且认为铁路不仅改变了军事上的力量平衡，而且改变了战争理念与战略部署，引发了巨大的变革。的确，克里米亚战争改变了沙俄的铁路观与认知，从而开启了大改革进程与大规模铁路建设时代。① 此外，沙俄铁路事务委员会委员维尔霍夫斯基的著述《自建立至 1897 年期间的俄罗斯铁路发展概况》（Исторический очерк развития железных дорог в России с их основания по 1897 г.）涉及了铁路的起源与欧洲各国的铁路分布状况，以及自 1837 年沙俄拥有第一条现代化铁路至 1897 年建设西伯利亚大铁路期间的所有铁路规划、建设历程与对国家经

---

① Иванов В.Б, "Британские военно-технические инновации на примере английской железной дороги и их роль для достижения победы в Крымской войне 1853–1856 гг", http://muzey-sevastopol.com/nauka/17-nauka/31-ivanov01.

济的影响。^①而俄罗斯铁道部出版的《俄罗斯铁路运输史》
（История железнодорожного транспорта в России）则阐述
了俄国 1836—1917 年期间的铁路发展史，分析归纳了俄国
在铁路领域的建设运营经验与对经济发展的影响，重点介绍
了俄国与外国之间的铁路运输联系。^②苏联学者索洛维约娃
从马列主义历史观出发，认为铁路建设虽然对沙俄资本主义
的发展发挥着促进作用，但由于建设成本过高，导致外资涌
入，有效降低其国内资本积累的速度。她在其著作《十九
世纪下半叶俄国铁路运输》（Железнодорожный транспорт
России во второй половине XIX века）中将沙俄铁路建设分
为制度危机时期的开始、私有铁路建设的开端、改革之后首
个铁路网的形成、19 世纪末期铁路运输与经济上升时期的
铁路运输等阶段，并且对其进行全面阐述。^③而利维希奇的
《俄国革命前的产业布局》（Размещение промышленности
в дореволюционной России）则对沙俄时期产业的发展布
局，产业结构的调整与规划，其中包括铁路规划建设，以及

---

① Верховской В.М, "Исторический очерк развития железных дорог в России
с их основания по 1897 г", http://elib.shpl.ru/ru/nodes/4868-verhocskoy-v-m-
istoricheskiy-ocherk-razvitiya-zheleznyh-dorog-v-rossii-s-ih-osnovaniya-po-
1897-g-vklyuchitelno-vyp-1-2-spb-1898-1899.

② Богданов Г. И., Фадеев Г. М, Историяжелезнодорожноготранспорта
России. В 2 томах. Том 1. 1836–1917, Букинистика, 1994, p.336.

③ Соловьева Л.М., Железнодорожныйтранспорт Россиивовторойполовине
XIX века, Наука, 1975, p.315.

铁路在经济增长与市场形成过程当中所发挥的作用进行了
分析。① 上述研究虽以广阔的历史视野提供了诸多史料，但
理论化不足，也缺乏与地缘政治的结合。

其次是交通基础设施的地缘政治研究。英国地理学家
麦金德在其文章《历史的地理枢纽》中认为，海洋交通不
能企及的欧亚大陆中央广阔草原地带是世界政治的枢纽地
区，若修建发达的铁路系统，实现枢纽地区的机动性以对抗
海洋势力的船舶机动性，将改变海洋势力与陆上势力的力量
对比。② 之后，他对"枢纽地区"的理论作出修改，提出"心
脏地带"理论，并且认为，铁路的出现已经大大降低了一个
单一强权主宰中心地带的难度。当欧亚大陆被密集的铁路网
覆盖时，一个强大的大陆国家将主宰这片广袤土地。而这将
是这个国家主宰欧亚大陆，进而主宰世界的前奏："谁控制
了东欧就控制了心脏地带；谁控制了心脏地带就控制了世界
岛；谁控制了世界岛就控制了世界。"③ 19 世纪下半叶，因铁
路在欧亚大陆内部的扩散与兴盛，中亚作为世界岛交通要道
的地缘政治地位凸显，由此展开了区域地缘政治博弈，铁路

---

① Лившиц Р.С, *Размещениепромышленности в дореволюционнойРоссии*, Изд-во АН СССР, 1955, p.295.

② H.J. Mackinder, "The Geographical Pivot of History（1904）", *The Geographical Journal*, Vol. 170, No.4（2009）, pp. 298–321.

③ H.J. Mackinder, *Democratic Ideals and Reality: A Study in the Politics of Reconstruction*, New York: Henry Holt and Company, 1919, p.186.

在此过程中再次发挥了战略性政治与经济作用。①

哈萨克斯坦学者从殖民主义与帝国主义视角出发，通过将沙俄铁路建设与地缘战略利益相结合，对其殖民时期铁路所发挥的作用进行了分析研究。莫尔扎别克娃在其文章《沙俄与大英帝国中亚势力范围之争》（Ресей империясының Ұлыбританиямен Орта Азия бағыт ындаықпал ету аймағы үшін бәсекелестік күресі）中总结道，俄英中亚之争其实质为地缘经济博弈，对于英国而言，沙俄在中亚的存在是一种阻碍，而对沙俄而言，英国的存在则是实实在在的威胁，因此沙俄在此次争夺中动用了所有资源及手段。②从地缘经济角度分析，中亚及其周边地区被沙俄视为潜在的消费市场，从地缘政治角度分析，中亚是沙俄通往印度、波斯和中国的交通要道。伴随国内资本主义与帝国主义的进一步膨胀，中亚地区的地缘战略价值逐步凸显，尤其是当英国人越发逼近"独立的鞑靼利亚"之时。但是，想要控制中亚，就必须先要控制哈萨克草原。③苏莱曼诺夫东方研究所研究员印卡

① P. Hopkirk, *The Great Game: On Secret Service in High Asia*, Oxford: Oxford University Press, 2001, p.562.

② Р.С. Мырзабекова, "Ресей империясының Ұлыбританиямен Орта Азия бағытында ықпал ету аймағы үшін бәсекелестік күресі", ҚазҰУХабаршысы (тарихсериясы), Vol.53, No.2, 2009, pp.127–130.

③ Н.Ә. Алдабек, "Ресейдің Орталық Азиядағы отарлық саясатының қалыптасу тарихынан", ҚазҰУХабаршысы (халықаралық қатынастар және халықаралық құқықсериясы), Vol.15, No.3, 2004, pp. 11–15.

尔·吉延阿丽娜认为沙俄铁路网不仅是形成移民潮的主要因素之一，也是推动区域殖民化与俄罗斯化过程中的重要一环与保障。① 并且指出沙俄在哈殖民政策的阶段性实施与其帝国铁路建设进程有直接的联系。② 阿尔达别尔根诺娃指出铁路对殖民式移民政策的有效实施具有杠杆作用，并且被当局视为重要的地缘政治工具，也是帝国本土缓解政治压力的主要输出渠道。③ 20 世纪初，中亚在欧亚大陆发挥着"中转站"与枢纽的功能，其中铁路的建设将旧大陆成功连接为一体。但是，中亚与俄欧洲部分间的经济联系是以中心—边缘模式为基础形成，被视为原材料供应地。综上，沙俄铁路的以地缘政治为主、地缘经济为辅的扩张，成功实现其帝国内部经济一体化，巩固其势力范围与区域大国地位。

沙俄铁路建设史上具有里程碑意义的是西伯利亚大铁路，因其在地缘政治空间里所发挥的重要作用，一直是学术界关注的重点。对此，陈秋杰对沙俄西伯利亚大铁路建设进行了梳理，指出该铁路为国际经验与技术相结合的世

---

① Іңкәр Жиеналина,"Қазақ жерін отарлаудың себептері мен мақсаттары тарихи әдебиетте", Отан тарихы（тарихи ғылыми журнал）, No.4, 2005,pp. 12–29.

② Іңкәр Жиеналина,"Отарлау тарихын кезеңдерге бөлу мәселесі", Қазақ тарихы（ғылыми-әдістемелік журнал）, No.3, 2006, pp. 48–54.

③ Қ.М. Алдабергенов, "Патшалы Ресейдің Қазақстанды отарлау саясаты туралы орыс басылымдарында жарияланған материалдар", Өлкетану, No.3, 2002, pp. 12–43.

界性工程。① 马蔚云则通过对沙俄远东政策主要特征的分析说明西伯利亚大铁路的修筑是沙俄远东政策的关键所在，铁路的修建改变了此前沙俄在该地区的战略守势，对远东国际关系产生了重要影响。② 与此同时，沙俄与其他列强之间的铁路地缘之争也是研究的热点问题。西伯利亚大铁路的建造本身就已经改变了远东地区地缘政治力量对比，进而引起多国不满，最终引发日俄战争。③ 和沙俄西伯利亚大铁路一样，德意志帝国所主导建设的巴格达铁路同样也是帝国主义与资本主义向东推进的工具。但与沙俄西伯利亚大铁路不同，该铁路直接导致欧洲均势失衡，成为第一次世界大战的主要原因之一。④

综合来看，铁路不仅是促进区域经济一体化的运输工具，也是各政治体之间相互遏制与合作的政治工具。在激烈的竞争与相互猜忌的地缘政治环境下铁路被视为威胁与冲突的根源。本书认为，沙俄铁路的地缘政治是一个连贯的历史整体，有其内在的历史—地理逻辑。因此，需要采

① 陈秋杰：《西伯利亚大铁路修建中的外国因素》，《西伯利亚研究》2011 年第 6 期。
② 马为云：《俄国的远东政策与西伯利亚大铁路的修筑》，《俄罗斯学刊》2012 年第 1 期。
③ 韩士明：《中东路幕后的博弈——中国与俄、日、美的角逐》，《黑龙江史志》2011 年第 17 期。
④ 唐承运、刘亚臣：《巴格达铁路——德意志帝国向东方推进的重要工具》。

用一种较长时段的历史视角，探寻沙俄铁路发展背后的历史—地理逻辑，提供有益的借鉴与参考。接下来的分析试图结合沙俄铁路发展进程及其战略变迁来理解其铁路地缘政治的形成与变化，并在此基础上提出一个有关"心脏地带"铁路地缘政治的理论分析框架。

二、沙俄铁路的地缘政治：提出一个理论分析框架

首先使用世界经济长周期和霸权周期结合的复合视角解释沙俄铁路建设的时代背景，其次分析沙俄地缘政治战略、地缘政治规划以及政治行为，最后对沙俄与其他大国间的地缘博弈进行研究。在沙俄铁路建设发展过程中大国博弈与科技创新发挥了主要作用，从长周期来看，科技是驱动经济发展和生产力提高的根本动力。经济发展过程中的繁荣与萧条存在周期性规律，康波理论认为科技进步和创新是推动一国经济快速发展和实现超越的根本。从时间跨度上看，可以把康波划分为四个阶段，依次是繁荣、衰退、萧条和回升。以突破性技术变革为起点，前 20 年左右是繁荣期，在此期间新技术不断出现，经济快速发展；接着进入约 5—10 年的衰退期，经济增速明显放缓；之后是 10 年左右的萧条期，经济增长疲软；最后进入 10—15 年回升期，下一代重大技术创新开始孕育、发展。

表 3-1 世界经济长周期背景下的沙俄铁路建设及特征

	第一轮康波周期 （1782—1845 年）	第二轮康波周期 （1845—1892 年）	第三轮康波周期 （1892—1948 年）
周期阶段	复苏阶段 （1836—1845 年）	繁荣阶段 （1845—1866 年）	繁荣阶段 （1892—1913 年）
在位君主	尼古拉一世 （1825—1855 年）	亚历山大二世 （1855—1881 年）	尼古拉二世 （1894—1917 年）
建设区域	东欧、波罗的海	东欧、黑海	远东与中亚
效仿对象	普鲁士	大不列颠	美利坚与加拿大
建设目的	维持大国地位	重建大国地位	重获大国地位
地缘博弈	克里米亚战争	中亚之争	日俄战争
竞争对手	大不列颠与法兰西	大不列颠	大不列颠、日本与德意志
政治特征	军事封建主义	帝国主义	殖民主义
经济特征	冶金与纺织工业局部机械化	中部区域工业化	区域经济一体化
军事特征	象征意义大于实际意义	将黑海与波罗的海连为一体	维护并且扩大势力范围

来源：作者根据公开资料整理。

自工业革命以来，沙俄总共经历了三轮康波周期，但未能完全经历第三轮，只限于繁荣阶段，见表 3–1 和表 3–2。每一轮周期的起始或结束都以一个突破性的技术变革作为标准，如纺织工业和蒸汽机技术（1782—1845 年）、钢铁和铁路技术（1845—1892 年）、电气和重化工业（1892—1948 年）。随着康波周期的转变和科技在不同国家的演化兴起，国际格局也在跟随转变。在第一轮康波周期中，工业革命率先从英国兴起，蒸汽机作为动力机被广泛使用，开创了以机器代替手工劳动的时代，英国资产阶级积极发展海外贸易，进行殖民统治，积累了丰富的资本，扩展了广阔的海外市场和廉价的原料产地，英国很快成为世界霸主，建立了"日不落帝国"。到19世纪中叶，在第二轮康波周期起始阶段，德国产业革命处于两次技术革命的交替时期，德国积极学习和吸收英国的先进技术，同时重视科学和教育，鼓励发明和创造，智力成为德国最重要的资源。凭借这一资源，19世纪下半叶德国引领了第二次工业革命，站在了世界科技发展的前沿，德国经济出现跨越式发展，煤炭和钢铁产量跃居欧洲第一位，德国超越英国和法国成为欧洲首强。与此同时，在美洲，随着联邦政府力量日益强大，在一套比较成熟的制度体系下，美国以重大科技发明为基础实现了跳跃式发展，在19世纪末20世纪初迅速赶上欧洲诸强，成为世界第一经济和工业大国，之后世界格局悄然发生变化，第一次世界大战爆发。

表3-2 世界经济长周期背景下的沙俄铁路地缘政治

时间	事件内容	周期阶段	长周期	铁路地缘政治
1825年	十二月党人起义爆发	萧条阶段	第一轮康波周期	火车和铁路的出现
1837年	圣彼得堡—皇村铁路开通（东欧）	复苏阶段		

续表

时间	事件内容	周期阶段	长周期	铁路地缘政治
1851 年	圣彼得堡—莫斯科铁路开通（东欧）	繁荣阶段	第二轮康波周期	帝国铁路
1853 年	克里米亚战争爆发			
1856 年	沙皇批准《铁路网发展规划》			
1861 年	亚历山大二世推行大规模改革			
1862 年	圣彼得堡—华沙铁路开通（中东欧）			
1872 年	波季—第比利斯铁路开通（高加索）	衰退阶段		
1873 年	首次经济危机爆发	萧条阶段		
1875 年	沙俄铁路网建成			
1877 年	第十次俄土战争爆发			
1883 年	巴库—巴统铁路开通（高加索）	复苏阶段		
1888 年	外里海铁路开通（中亚）			
1903 年	东清铁路开通（满洲）	繁荣阶段	第三轮康波周期	铁路发展的大分流时期
1904 年	西伯利亚大铁路开通（远东）日俄战争爆发			
1906 年	奥伦堡—塔什干铁路开通（中亚）			
1914 年	第一次世界大战爆发	衰退阶段		

来源：作者根据公开资料整理。

　　因此，从这个意义上讲，就很容易理解沙俄铁路建设及其由地缘政治摩擦所引发的大国博弈。国际势力更迭和大国博弈的实质是科技竞争，沙俄铁路则正是在科技革命浪潮之下孕育而生的。从历史经验来看，谁能率先在全球技术创新中赢得先机，取得突破性的技术变革，就有可能先人一步，引领和改变地缘政治格局。

（一）沙俄铁路地缘政治的雏形：第一轮康波周期的复苏阶段（1836—1845 年）

　　沙俄首次工业现代化进程出现于彼得一世在位时期，沙皇为了取得北方战争的胜利与建设一支强大的军队，大力发展冶金工业和纺织工业。1702—1707 年，在南部利佩次克、科兹明斯克、鲍尔尼克，相继建成制铁厂，生产大炮和炮弹。但由于沙俄工业发展程度始终落后于西欧，因此富有远见的一部分贵族与达官显要[①] 在 1710 年左右向彼得一世提出一系列有助于工业发展的建议。与此同时，彼得一世也开始实施一些带有重商主义色彩的政策。[②] 北方战

---

① 其中包括沙俄首位经济理论家伊凡·蒂科诺维奇·波索什科夫（Иван Тихонович Посошков）、工厂主丹尼尔·沃罗诺夫（Даниил Воронов）、沙俄驻伦敦海事代表费多尔·斯捷潘诺维奇·萨尔捷科夫（Федор Степанович Салтыков）与瑞典裔军事工程师及外交官约翰·路德维希·鲁伯拉斯·冯·波特男爵（Барон Иоганн Людвиг Люберас фон Потт）。

② Рожков Н, *Русская история в сравнительно-историческом освещении (основы социальной динамики)*, Книга, 1928, p.130.

争结束后，1723—1725 年，彼得大帝为了发展工业不仅提高了进口关税[1]，而且还继续在乌拉尔建立新的制铁厂。这样，使沙俄成为黑色金属的生产大国，铁的产量跃居欧洲第三位。为了创建海军，彼得一世还在新都彼得堡、沃罗涅什、阿尔汉格尔斯克和奥洛涅次，建造了造船厂。随着陆海军的扩大，军服的需求增加，纺织手工工厂猛增。但由于缺乏自由劳动力，政府把国有农奴拨给工厂充当工人，让他们终身在工厂劳动，称为"附属农奴"。政府为加强对手工工厂的领导和管理设置了手工工厂院和矿物院（相对于后来的部）。与此同时，彼得一世还通过颁布敕令的方式强制商人和贵族开办手工工厂，要求私营企业主购买农奴参加工厂劳动。[2] 由此可见，彼得一世在位期间，国家在发展工厂手工业方面具有举足轻重的作用。但是，需要指出，该时期的沙俄手工工厂是在国家政权在北方战争的特殊环境下一手扶植起来的，带有明显的国防军事与农奴制色彩。

1725 年彼得一世逝世后，叶卡捷琳娜二世开启了新一轮的工业化浪潮，沙俄工业在没有国家干预的情况之下持续

---

[1]　Покровский М, *Русская история с древнейших времен*, Издание Товарищества "Миръ", 1911, p.82.

[2]　Покровский М, *Русская история с древнейших времен*, Издание Товарищества "Миръ", 1911, p.124.

发展，但其发展方向则主要注重于冶金业。[1]1725—1750 年，相继出现了 62 个新的纺织工场和近 100 个冶金工厂，莫斯科成为丝绸工业的中心，而全国生铁产量则居世界第一位。沙俄冶金业产量虽然有大幅提升，但其冶炼技术始终未变，依旧使用被欧洲视为极其昂贵的木炭进行冶炼，而廉价的农奴劳动力则大大减少了原料与运输所花费的成本，提高了沙俄生铁在欧洲市场的竞争力，但却导致沙俄工业技术落后于西欧近半个世纪。[2]

　　由于严重缺乏自由劳动力，因此，生产力与生产关系并未实现同步发展，工业家利用其购买农奴的权利，强制农奴劳动，进而获取利润。而在农奴制条件下发财致富的农民资本家因其身份始终是农奴，所以必须向其农奴主缴纳巨额赎金方可获得自由。由此可见，沙俄农奴制成为俄国资本主义与生产力发展的主要障碍。18 世纪末，由于产品质量低下，供应与国内需求相差甚远，加之西欧冶金技术的更新[3]，沙俄生铁出口呈现下滑趋势。冶金业产量的大规模减少导致彼

---

[1]　Гуськова Т.К,*Заводское хозяйство Демидовых в первой половине XIX века*, Автореф. дисс... к.и.н. М., 1996, p.15.

[2]　Бакшаев А.А, Складывание и функционирование горнозаводского хозяйства Гороблагодатского округа Урала в XVIII – первой половине XIX вв, Автореф. дисс... к.и.н. Екб., 2006, p. 6.

[3]　Гуськова Т.К,*Заводское хозяйство Демидовых в первой половине XIX века*, Автореф. дисс... к.и.н., М., 1996, p.25.

得一世时期所建的工业基础开始崩溃，工厂相继关闭，只剩十分之一的工厂得以存留。[1]

19世纪上半期，沙俄工场手工业又有新的发展。特别是棉纺工场异军突起，成为纺织工场中发展最快、规模最大的资本主义工场。1822年，亚历山大一世通过贸易保护主义措施有效保护了沙俄纺织与制糖业，让其保持市场竞争力。[2] 而继承者尼古拉一世不仅开始给予农奴一定的经济自由，而且在其统治的最初15年内废除了自彼得一世以来的户籍制度，为沙俄劳动力市场的形成创造了条件。[3] 但沙俄真正意义上的工业革命开始于19世纪中叶，即加工工业普遍并且持续从手工工场生产转向机器生产。19世纪中叶以前的沙俄工业生产的机械化过程具有实验性质。与其他欧洲国家一样，沙俄棉纺工业在实行机器生产方面遥遥领先于其他工业部门。可是，1830—1860年期间的沙俄工业革命却等同于英国在18世纪下半叶所经历的工业革命，虽然在此过程中棉纺工业出现生产集中化趋势，并且明显高于西方

---

[1] Покровский М, *Русская история с древнейших времен*. М., Издание Товарищества "Миръ", 1911, p.123.

[2] I. Wallerstein, *The Modern World-System III: The Second Era of Great Expansion of the Capitalist World-Economy, 1730–1840s*, San Diego: Academic Press, 1989, p.152.

[3] J. Blum, *Lord and Peasant in Russia: From the Ninth to the Nineteenth Century*, New York: Atheneum Paperbacks, 1964, p. 488.

国家，①但无论如何，与西方资本资本主义国家相比，沙俄的机械化工厂生产始终十分落后。该时期工业革命对沙俄的影响主要体现在纺织工业与冶金业方面，而与之相应的制造业则伴随沙俄铁路建设的开始与轮船业的发展应运而生。与西方发达国家相比，沙俄铁路建设的目的、意义、规模与影响都相差甚远，其观念与进程远落后于西方各国。

身为铁路后起国家的沙俄，其铁路雏形出现于第一次工业革命之后。与注重商业贸易的海权国家不同，身为陆上大国的沙俄，在建设铁路方面更加注重其军事功能。英国身为工业革命发源地，率先启动工业化进程，将新技术应用于实际当中，并且将其转化为国家力量，进而维护与扩大地缘利益。自 1825 年英国第一条铁路线开通时隔 12 年后，沙俄不甘示弱，为证明其强大陆权与文明大国地位修建了本国首条铁路线，揭开了沙俄铁路建设的序幕。

工业革命不仅改变了社会生产组织形式，也改变了国际关系与利益，进而改变了地缘政治平衡与中心。1840 年左右，英国工业转型成功，成为世界第一个工业国家，而铁路作为交通基础设施的重要组成部分被应用于经济与军事建设之中，由此国家实力大幅提高。与此形成鲜明对比的是，沙俄为维护统治根基进而杜绝西方思想，导致工业革命无法在

---

① Струмилин С.Г, Очерки экономической истории России,М.:Соцэкгиз, 1960, p.426.

沙俄生根发芽，最终形成落后于欧洲的局面。但是，沙俄始终沉醉于战后所获得的大国地位，继续奉行南下政策，威胁欧洲均势格局。随着工业革命的推进，波罗的海的地缘价值逐渐下降，而东地中海的地缘价值凸显。所以，停留在旧制度下并且义无反顾地遵循传统地缘利益的沙俄不可避免地与英法发生冲突，进而导致不共戴天的死敌在新制度与共同地缘利益的前提下结为同盟，一决雌雄已成定局。

（二）沙俄铁路地缘政治的形成：第二轮康波周期的繁荣阶段（1845—1866 年）

在法国和德国等欧洲大陆主要资本主义国家，工业革命的强化阶段已在 19 世纪 60—70 年代结束，只在轻工业生产中采用的机器技术从此迅速扩大到铁路等重工业部门。铁路作为资本主义国内市场的杠杆，通过自身强大的推动力打破了沙俄的旧生产形式，为现代机械工业发展创造了条件。在沙俄这样落后的农业国推行铁路运输制度，无疑是现代工业的先兆和工业革命的最强大因素。随着沙俄经济越来越同世界市场联结在一起，沙俄工商资产阶级和地主要求政府立刻着手铁路建设。铁路问题成为改革后的沙俄亟待解决的迫切问题之一。

1861 年，亚历山大二世开启了史无前例的改革进程，为满足沙俄资本主义发展的需要，须加快开拓海外市场的步伐。对沙俄来说，占领中亚地区不仅可以满足本国扩大市场的需要，更重要的是通过中亚的商业中心可以使沙俄的商品销售到更远的区域。改革之后沙俄铁路得到迅猛发展，1865年，沙俄只有 3500 俄里铁路，而英国却有 2.2 万公里，法国和德国各有 1.4 万公里，美国有 5.6 万公里。在资金短缺的情况下，政府拟定了一个吸引外资建设铁路计划。政府在 1867 年还通过发行铁路公债，建立"铁路基金"，同时在伦敦和巴黎金融市场上发行 6 亿卢布的铁路证券。

1868—1872 年是工业化高涨的年份，也是沙俄铁路史上租赁狂热的时期，出现了一批铁路大王，其中有帕维尔·格里戈里耶维奇·冯·达维兹（Павел Григорьевич Фон Дервиз）、亚历山大·卡罗维奇·冯·麦克（Александр Карлович Фон Мекк）、萨法·伊万诺维奇·马蒙托夫（Савва Иванович Мамонтов）、撒母耳·萨拉曼诺维奇·波利亚科夫（Самуил Соломонович Поляков）。波利亚科夫发迹于一个酒税承包商，后来成为拥有 4000 俄里铁路（占全国铁路总长度的 20%）、9 条铁路线的承租人。与铁路联系在一起的还有政府官僚，其中有 19 世纪 80—90 年代的财政大臣亚历山大·阿格耶维奇·阿巴兹（Александр Агеевич Абаза）、伊凡·阿列克塞维奇·维希涅格拉茨基（Иван Алексеевич Вышнеградский）、谢尔盖·尤里耶维奇·维特（Сергей Юльевич Витте）。铁路建设的租赁时期从 1866 年到 1880 年，延续了 15 年。在此期间，签订了 53 项建设私人铁路的租让合同，铁路长度达 1.5 万俄里，建立了 59 个铁路股份公司，总资本达 7.17 亿卢布。1861—1877 年，沙俄全境铁路运输总量增加了 24 倍，其中谷物运输占铁路运输总量的 32%，矿产品占 12%。由此可以看出，铁路运输加速了帝国内部商品的流通，提高了国内市场的容量。[1]

（三）沙俄铁路地缘政治的扩展：第三轮康波周期的繁荣阶段（1892—1913 年）

大规模的铁路建设是沙俄工业化进程的主要加速器。铁路将帝国两大主要机械工业中心莫斯科与圣彼得堡同国内和国外市场联结起来。从 19 世纪末起，沙俄工业革命进入集约化阶段，以重工业为中心的工业体系得到完善。虽然建立了现代资本主义的工业技术基地，但高速成长的资本主义经济与落后的第一产业之间产生了不可克服的矛盾。为让远东实现俄罗斯化和工业化，沙皇亚历山大三世在 1891 年正式决定修建西伯利亚大铁路。但事实上，沙俄建造该铁路的真正目的是将帝国东西领土连接起来，在远东防务有难之时迅速从欧陆调遣所需兵力和物资。实现该宏伟工程的则是被称为"西伯利亚大铁路之父"的沙俄帝国财政大臣的谢尔盖·万里耶维奇·维特。

身为沙俄末期经济改革的设计师和实践者的维特，明白

---

[1] 刘祖熙：《改革和革命——俄国现代化研究》，北京大学出版社 2000 年版，第 101 页。

西伯利亚大铁路是一项关乎国家利益的事业，面对暗潮汹涌的革命力量，只有发展经济才能巩固皇权，而铁路建设则可带动工业发展。在发展工业的同时，采取关税保护政策，建立牢固的信贷体系以及平衡的货币流通使进出口达到平衡，实现经济现代化，为大规模铁路建设铺平道路。

在 19 世纪 90 年代的经济高涨时期，沙俄工业革命达到顶峰。帝国经济的高涨是与铁路的蓬勃发展和工厂工业在国家边区的崛起紧密相连，新的冶金燃料基地在顿涅茨—克里沃罗日和石油工业在高加索的建立，对于大型机器工业的确立具有特殊意义。沙俄主要工业部门的动力装备和劳动生产率逐步接近欧洲水平。与此同时，工业生产的结构发生了深刻的变化。重工业，即原材料生产的工业发展速度相比轻工业和食品工业的发展速度快一倍。而 1893 年开始的铁路建设和加强对于工业发展具有重大意义。到 1900 年共建筑了2.2 万俄里铁路，比前 20 年建筑的还多。到 1901 年，全国铁路网增至 5.6 万俄里，完整的铁路交通网已经基本建成。新铁路的建筑促进了以前落后地区的经济发展，扩大了国内市场。沙俄逐渐由农业国向农业—工业国转变。

但 1900 年后，工业高涨期被严重的工业和财政危机所打断，之后是持续的萧条。1904 年开始了工业发展的新阶段，并且一直延续至 1909 年。这是从 1900—1903 年危机向1910—1914 年高涨转变的过渡时期，但也是一种特殊的萧条时期。这一时期沙俄工业取得了长足进步，1913 年，沙俄在石油开采方面居世界第二位，在棉花消费方面居第三位，在机器生产和钢产量居第五位。但是，落后的农业和低下的居民购买力以及与现代工业不相适应的政治法律制度仍在阻碍着工业现代化的发展进程。①

三、沙俄时期帝国铁路扩张史：地缘政治博弈

沙俄铁路的发展与沙俄境内资本主义的发展和工业革命的技术变革有着密切联系。资本主义的进一步发展，首先带动铁矿产业的规模扩大，进而催生了铁路运输，而铁路运输的发展又反过来推动了资本的快速扩张与商品的流通，因此铁路是沙俄资本主义发展的重要载体，又是沙俄工业化成就的重要象征。不仅如此，当沙俄铁路、资本与国家地缘经济政治利益相互结合时，所产生的地缘政治效果触发了各大国的戒心，最终导致地区危机爆发。因此，沙俄资本主义扩张与对外扩张战略不谋而合之际，铁路不仅充当了沙俄扩张的推手，同时也成为沙俄与其他大国之间矛盾和战争的导火索。每场区域政治博弈结束之后，在一系列国际政治格局的变化下，铁路的建设与资本的扩张为沙俄提供了新的动力，并在一定程度上塑造了铁路地缘政治的生成机制。

---

① 刘祖熙：《改革和革命——俄国现代化研究》，第 117 页。

（一）沙俄铁路建设的雏形（1836—1853年）：克里米亚战争

拿破仑通过法国大革命与战争打破了欧洲均势格局，而沙俄则通过战胜拿破仑重新塑造了该权力格局。沙俄在新建立的维也纳体系框架下史无前例地获得了欧陆大国地位，进而与海上帝国英国一道主宰欧洲。战后的法国实力虽被削弱，但法国大革命激进思想依然呈现出扩散趋势，新一轮民族主义和革命浪潮逐步形成。深受卡尔·冯·克劳塞维茨军事思想影响的亚历山大一世为了有效维持欧陆霸业，保持其军事存在与威慑，巩固其统治基础，进而通过与奥地利和普鲁士建立神圣同盟，将不利于君主专制根基的一切威胁扼杀于摇篮中。与此同时，为了有效遏制法国再次崛起，维护现有秩序与利益，沙俄采取联英拒法策略，并且与普鲁士、奥地利、英国组成军事同盟（法国获得平等地位之后也加入其中），建立相互遏制的协调机制。①

1825年，亚历山大一世驾崩，随之爆发十二月党人起义。该起义意义非凡，其时间段正好处于第一轮康波周期繁荣与萧条阶段的交汇点。而起义发起人则是由沙俄贵族军官组成，他们参加过拿破仑战争，见证过欧洲的繁荣，吸取了

---

① А.Н. Троицкий, *Александр I и Напалеон（научная монография）*, М.: Высшая школа, 1994, p.51.

启蒙思想，认为沙俄急需变革。可是，起义最终被无情镇压，遭受逮捕的十二月党人残余及其家属一同被流放至西伯利亚地带。此次起义事实上是给沙俄敲响了警钟，其深层含义为，沙俄早已严重落后于西欧各国，唯独变革方可被拯救。①

沙俄因其政治地位、文化自信、地理位置及统治者的态度，在吸收工业革命成果方面的速度极为缓慢。其中包括第二次工业革命的伟大创举之一，改变运输领域的铁路。沙皇尼古拉一世对铁路极为反感，他担心工业革命所带动的经济发展会破坏现有沙俄政治结构，因此要求财政大臣康克林采取消极措施，尽可能减缓该进程。② 然而，事实上世界上没有一个国家像俄罗斯这样需要建设铁路，因为铁路可以提高速度，从而大大缩短距离。在尼古拉一世统治时期，沙俄统治集团核心逐渐演化为提出效仿英国建设铁路的改革派与持反对态度的保守派，保守派当中态度最激烈的当属德裔交通大臣托尔（Карл Федорович Толь）和财政大臣康克林（Егор Францевич Канкрин）。

---

① В.А. Федоров, *Мемуары декабристов. Северное общество*, М.: МГУ, 1981, p.8.

② Аджемоглу Д., Робинсон Д, *Почему один страны богатые, а другие бедные. Происхождение власти, процветания и нищеты*, М.: Издательство АСТ, 2015, p.481.

表 3-3 1825—1847 年世界各国铁路建设进程

时间	国家	铁路线	全长/公里	周期阶段	长周期
1825 年	大不列颠	斯托克顿—达灵顿	41	萧条阶段	第一轮康波周期
1828 年	奥地利	布杰约维采—基尔施鲍姆	64		
1828 年	法兰西	圣艾蒂安—安德烈克	18		
1830 年	美利坚	巴尔的摩—埃利科特	24		
1830 年	波西米亚（奥地利）	布拉格—拉娜	57		
1832 年	苏格兰（大不列颠）	爱丁堡—达尔凯特	19		
1834 年	爱尔兰（大不列颠）	都柏林—金斯顿	10		
1835 年	比利时	布鲁塞尔—梅赫伦	20		
1835 年	德意志	纽伦堡—菲尔特	6		
1837 年	沙皇俄国	圣彼得堡—皇村	27	复苏阶段	
1839 年	意大利	那不勒斯—波特西	8		
1839 年	尼德兰	阿姆斯特丹—哈林区	16		
1840 年	古巴（西班牙）	哈瓦那—瓜奈	50		
1846 年	波兰（沙俄）	华沙—琴斯托霍瓦	251	繁荣阶段	第二轮康波周期
1847 年	瑞士	苏黎世—巴登	25		

来源：Крейнис З.Л. Очерки истории железных дорог. Два столетия – М.: УМЦ РЖД, 2007. 作者根据书中相关内容整理。

　　1834 年，应俄国矿产部门的邀请，著名奥地利工程师、维也纳理工大学教授佛朗茨·冯·盖斯特涅尔（**Франц Антон фон Герстнер**）来到圣彼得堡，并且建议先修建一条总长 26 公里，连接圣彼得堡至皇村的一条短距离铁路线（**Царскосельская железная дорога**）。但最终让沙皇决心建造铁路的原因是，欧洲大陆掀起的第一波铁路建设潮，尤其是 1835 年西部邻国德意志的纽伦堡—菲尔伯特铁路的修建，导致沙俄不甘落后，决心要与欧洲各国平起平坐，证明其文明大国之地位。1836 年 4 月 15 日，尼古拉一世颁布诏令，决定修建皇村铁路，次年 11 月 11 日，圣彼得堡—皇村铁路建成通车。1842 年 2 月 1 日，尼古拉一世根据交通大臣梅利尼科夫（**Павел Петрович Мельников**）及圣彼得堡交通工程学院学者克拉夫特（**Николай Осипович Крафт**）的报告，颁旨修建圣彼得堡—莫斯科铁路，同年 8 月 1 日动工，1851 年 11 月 1 日建成通车，成为俄国历史上第一条干线铁路。除此之外，俄国于 1851 年开始建设圣彼得堡—华沙铁路，但修筑了圣彼得堡至加特契纳一段后，因克里米亚战争爆发而被迫停止。①

　　19 世纪 20—30 年代在东方问题方面沙俄获利甚多，甚至试图与大英帝国一同瓜分奥斯曼土耳其帝国，由此占据巴

---

① 李宝仁等编著：《国外铁路概览：俄罗斯铁路》，中国铁道出版社 2014 年版，第 15 页。

尔干半岛及其海峡地区，加强其军事政治影响力。沙俄的扩张不仅威胁到英国在维也纳体系中的威望，还威胁其主导权。沙俄的最终目的显然是占领君士坦丁堡，获得博斯普鲁斯海峡，入主地中海。相反，对英国来说，君士坦丁堡则是帝国霸权的重要支点，因此，必须将沙俄困在黑海之内，无论如何都不能让其成为具有影响力的地中海国家。法国不计前嫌，暂时与英国结为同盟。普鲁士则由于在巴尔干与黑海区域没有太多利益纠纷，因此保持中立。而奥地利却始终犹豫不决，一方面不愿看到沙俄势力在巴尔干地区过度膨胀，另一方面担心法国势力进入意大利，影响其统治地位。总而言之，尼古拉一世最终选择在没有任何外援支持的情况下依旧遵循传统，孤注一掷，试图再次运用武力打破僵局。

1853 年克里米亚战争爆发后，在俄边缘地带作战的英军将工业革命技术与战术相结合扭转了整个战局，不仅在海上封锁住了俄黑海舰队，而且还成功登陆，一举拿下巴拉克拉瓦港镇，并且进军塞瓦斯托波尔。伴随战事的进一步推进，克里米亚的联军发现，短期内结束战争不太现实。首先，半岛地势陡峭，运输极为困难，大大减缓了进军的速度与力度。其次，半岛气候反常，雨季导致运输线完全被水淹没，冬季导致军营爆发大规模伤寒疫情，进而损伤军队元气。最后，沙俄军队大后方近在咫尺（海峡对岸仅仅 8 公里），而英军大后方则远在天边，无法在短时间内调动大规模军队前来救援。

英国政府最终通过提议决定建造连接前线高地与巴拉克拉瓦港镇的全长 23 公里的大克里米亚中央铁路（Grand Crimean Central Railway）。该铁路项目获得英国爱国主义企业主的资助，不图经济回报，只希望政府偿还建造所需的基本费用，并且以每天建造 400—500 米轨道的速度，最终在 1855 年完工。该项目最初被认为是不可能完成的，因为恶劣的气候与随时可能发动突击的俄军是无论如何都会阻碍建设进度，所以，该铁路的完工被视为人类历史上的一大奇迹。铁路扭转了战局，导致战况出现一边倒的局面。物资与部队源源不断地通过海路运往巴拉克拉瓦港，之后再通过铁路转运至前线，伤员得到有效安置，战地医院拔地而起。从 1855 年 4 月起英军开始使用蒸汽机车运送大型火炮与枪支弹药，发起了新一轮针对塞瓦斯托波尔的轰炸。战争期间，英军不仅建造了铁路，还在半岛西南角建造了一座新港口，之后为了保持与伦敦和巴黎之间的联系在黑海海底铺设了电报线缆。1855 年 9 月，被联军围困近一年的塞瓦斯托波尔基地被攻破，最终导致俄军来年通过外交渠道寻求和平。大克里米亚中央铁路是在沙俄领土上完工的第三条铁路线，而且还是敌军在战争时期完成的。沙俄通过克里米亚战争发现铁路同国防建设和战争之间的密切联系，得知服务于战争准备和战争全过程的铁路是决定战争规模、进程和胜负的重要因素之一。

　　战争期间英军所建的包括铁路与港口在内的一系列基础设施，不仅有效保障了军队所需的后勤补给，而且也为攻占俄黑海舰队母港塞瓦斯托波尔创造了条件。最重要的是，铁路首次被运用在战场上，彻底改变了沙俄上层的铁路观。众所周知，战前的沙俄仅仅拥有两条象征性的铁路。与此同时，战争改变了欧洲地缘政治格局，让沙俄看清了自己与工业国家间的实力差距，逼迫沙俄重新改变其国家战略，从而开始重新评估铁路的价值与作用，并且开启了沙俄的铁路建设时代。因此，沙俄铁路的建设成功与否取决于沙俄地缘政治环境的变化与统治集团对铁路的认知程度，而西欧各国的逐步工业化与经济转型加快了此进程。①

　　综上所述，1836—1853 年的铁路建设对沙皇俄国而言是短暂的，其本质是面子工程。在最初的 17 年铁路建设期间，俄国总共设计了三条铁路线，其中圣彼得堡—皇村铁路完全是为了展示沙皇的成就，其目的在于保持文明大国形象。而圣彼得堡—莫斯科铁路线是先政治后经济，将内陆旧

---

① Иванов В.Б, Британские военно-технические инновации на примере английской железной дороги и их роль для достижения победы в Крымской войне 1853–1856 гг, http://muzey-sevastopol.com/nauka/17-nauka/31-ivanov01.

都与沿海新都相连，加强对核心区贵族的控制与监督是沙皇集权体制进一步强化的体现。与此同时，两地之间的粮食及农产品改用快捷的铁路运输，对地区经济发展起到了极大的推动作用。而最后一条连接圣彼得堡—华沙的铁路线则带有明显地缘政治色彩，从中可以看出俄国不仅想牢牢控制波兰，而且其战略重心——欧洲的核心地位没有丝毫动摇，反而加以巩固。但是，俄国初期缓慢的铁路建设不仅没有形成涵盖全国主要地区的铁路网，而且其建设步伐因克里米亚战争被迫叫停。

（二）沙俄铁路建设的第一个高潮期（1856—1888 年）：
中亚之争

从地缘政治角度来看，克里米亚战争的结果对沙俄来说是极其悲惨的。首先，沙俄失去了欧洲陆权大国地位，而英国则成功阻挡沙俄南下进入东地中海的战略扩张，破灭了沙俄的"U 型战略计划"（波罗的海—黑海—东地中海—波斯湾—中亚—西伯利亚），将沙俄限制于现有的"L 型战略"（波罗的海—黑海—高加索—中亚）现状当中，进而保持其欧洲地缘政治均势。其次，沙俄政治影响力与地缘政治地位逐渐边缘化，该变化对沙俄战略思想打击最大。战场表现使沙俄这个军事大国的信誉受到质疑，从而丧失了独立影响欧陆政局的能力，退至东欧一角，再次沦为落后国家。落后就意味着逐渐被边缘化，最终沦为非欧洲国家。沙俄为了摆脱落后状况努力近一个世纪，费九牛二虎之力所获得的尊重与承认，则在一年之内烟消云散。对此，沙俄统治上层痛定思痛，决定进行大规模改革。

这场史无前例的军事打击敦促沙俄开始思考自身能否维持其大国地位。由农奴组成的沙俄军团，因缺乏战略储备，无法在战争爆发时迅速动员所需力量。边界深远、农民暴动时而发生、现代运输装备匮乏，使军队在战争的紧要关头无法赶赴前线给予支援。因此，沙俄不得不暂时调整国家策略。沙俄明白黑海海峡是其国力极限之外即力所不及的地方，因此将入海目标进一步由地中海向印度洋转移，而军事扩展需要经济发展作为基础，但是在沙俄国家力量结构中经济权力一直处于弱势地位。面对西方工业革命，沙俄国家力量有待调整，提高经济权力才是继续支撑与维持国家军事力量的关键之所在，所以改革势在必行。

战后亚历山大二世所主导的沙俄大改革自始至终都与国家现代化与欧洲化两个问题密切相关，而军事改革则是重中之重。亚历山大二世已经清楚地认识到，沙俄在农奴制度下无法培养出强大的军事实力，只有改革军队才能实现彻底的军事改革，所以关键就在于农奴制度。[1] 但是，充

---

[1] Рысбек Үркімбай, "II Александр (1818–1881)", *Ресейдің тұңғыш императоры I Петр: Аңыз адам ұлы адамдар туралы ұлағатты журнал*, Vol.129, No.21, 2015, pp. 24–26.

分认识到铁路同国防建设和战争之间的密切联系，并且得知铁路是战争准备和战争过程中决定战争规模、进程和胜负的重要因素之一的沙皇，决定采取"兵马未动，粮草先行"的政策，即全面建设铁路，铺设全国铁路网。因此，相比 1861 年大改革，沙皇对铁路的重视程度更大，战后第一年就批准了将波罗的海与黑海舰队母港连为一体的《铁路网发展规划》。①

"随着克里米亚战争的结束，沙俄第一个铁路建设高潮拉开了序幕。亚历山大二世意识到铁路建设对于国防的重要性，于 1856 年批准《铁路网发展规划》，计划用铁路将俄国 26 个省连为一体。1861 年—1875 年，俄国铁路网已初具规模，莫斯科成为全国铁路的中心枢纽，俄国中部同西部、伏尔加河流域、黑海、波罗的海沿岸各省都具有了可靠的联系。

1864 年，就在沙俄大力发展铁路建设时，切尔尼亚也夫将军率领沙俄大军大举入侵塔什干等地。作为沙俄新吞并的纬度最低、最靠南部的一块领土的中亚，几乎是全沙俄唯一能种植棉花的地区。因此，从攻占塔什干之后，沙俄便开始考虑如何尽快地实现对中亚的开发。"

---

① Указ Императора Александра I О сооружении первой сети железных дорог в России, 26 января（7 февраля）1857 года. http://runivers.ru/bookreader/book9923/#page/72/mode/1up.

1864 年，就在沙俄大力发展铁路建设时切尔尼亚也夫将军率领沙俄大军大举入侵塔什干等地，前后共经历 20 年的时间占领了包括马雷及穆尔加布河和捷詹河流域的整个中亚地区。中亚是沙俄灭亡前吞并的最后一个地区，而整个吞并过程是在沙俄国内实施行政体制改革、本国资本主义急剧发展的背景之下进行的。与此同时，作为沙俄新吞并的纬度最低、最靠南部的一块领土的中亚，几乎是全沙俄唯一能种植棉花的地区。因此，从攻占塔什干之后，沙俄便开始考虑如何尽快地实现对中亚的开发。

从地缘政治角度分析，不难看出，中亚之争是英俄大博弈的一部分，也是继克里米亚战争之后的第二场英俄角逐，但其特点不再是热战，而是冷战。但有一点需要注意，此次博弈属于全球地缘政治的一部分。克里米亚战争导致黑海中立化，粉碎了沙俄独霸博斯普鲁斯海峡的战略目的，阻挡了其扩张势头。沙俄的衰弱改变了欧洲政治格局，普、奥、俄之间的神圣同盟瓦解，法国重获大国地位，奥地利逐渐被孤立，英国成功维护海上霸权，普鲁士因东线压力减少进而驱逐德意志境内的奥地利与丹麦势力，而撒丁则与法国联手挑战奥地利在意大利的统治。英国作为欧洲多极体系的平衡者，以维持欧陆均势为目标保留了沙俄的欧洲协调发言权，并且在不损害本国利益与围堵法国的前提下默许普鲁士与撒丁完成统一大业。沙俄深知无法在海上挑战大英帝国海军，因此将重心转向国内重建。但为了重振国威，继续奉行南下政策，计划将里海变为帝国内湖。

对于伦敦来说，印度是帝国第二个中心，前往印度的好望角与苏伊士运河（1869 年后）是必须捍卫的帝国生命线，而阿富汗作为该中心的门户是必争之地。对于圣彼得堡来说，中亚可分散英国的注意力与实力，可为其他地区战略利益服务。19 世纪 60 年代，随着沙俄征服高加索战事的告一段落，吞并哈萨克草原与中亚河中地带的军事行动开启。伦敦看到俄英之间的缓冲区正在快速萎缩，从 19 世纪初的数千英里变成数百英里，直至 19 世纪末的数十英里甚至数英里。伦敦当局明白，沙俄不仅要控制亚洲事务，也要控制欧洲事务，因此面对永无止境的沙俄野心，英印当局被迫采取行动终止沙俄的南下之举。

在这种情况下，沙俄政府认为，在这一地区要建设的管理体制首先要能够保证自己的军事、战略利益和巩固自己在中亚的政治、经济地位，然后才能确保顺利进行开发。所以先从管理体制下手，之后大抓铁路建设。沙俄在其统治中亚期间，铺设了两条大铁路，即中亚铁路和奥伦堡—塔什干铁路。这两条铁路的建设，巩固了沙俄在中亚的政治、军事及经济地位，加强了它对这一地区的全面控制。

19 世纪 80 年代，由于同英国的竞争和中亚地区统治、军事形势发展，逼得沙俄政府加紧建设一条通往中亚的铁路，即外里海地区的军用铁路（中亚铁路的前身），以作为其进军土库曼并控制中亚的战略基地，并对抗英国在中东和近东的扩张。1879 年俄国动工兴建外里海铁路，并于 1888 年建成。作为一条加强中亚地区控制的战略要道，外里海铁路连接了克拉斯诺沃茨克—塔什干—安集延并一直延伸至阿富汗边界，其建成后对于维护沙俄政府在中亚的军事、战略利益中有着重要作用。

（三）沙俄铁路建设的第二个高潮期（1890—1916 年）：日俄战争

克里米亚战争之后，沙俄始终奉行持之以恒的战略方针，即南下战略。但是，通过巴尔干半岛南下，攻占君士坦丁堡，最终进入地中海的战略尝试遭遇瓶颈。因此开始选择这样三条扩张路线：第一条是越过高加索山脉南下，攻占波斯；第二条是从中亚费尔干纳盆地向南进入阿富汗，切开开伯尔山口；第三条是向东推进至符拉迪沃斯托克，进而南下获取旅顺口，最终控制满洲。沙俄自彼得大帝时期就早已清楚地认识到，只要沙俄能够有效控制与阻断欧亚之间的陆上通道，那就可以凭借陆权来挑战西方的海权。①

在亚历山大二世在位期间沙俄在中亚的扩张进程明显加

---

① Рысбек Үркімбай, "I Петр: Бала Петрден – Ресей Императоры I Петрге дейін", *Ресейдің тұңғыш императоры I Петр: Аңыз адам ұлы адамдар туралы ұлағатты журнал*, Vol.129, No.21, 2015, pp. 4–8.

快，通过政治与战争的方式先后将中亚三大汗国（中亚三大汗国是指浩罕、布哈拉、希瓦三大汗国）相继兼并，沙俄此举不可避免地与正从印度方向北上的大英帝国发生摩擦，第二轮英俄博弈在中亚爆发。与克里米亚不同的是，此次博弈因地理因素只限于英俄双方，所以呈现出的竞争状态是地缘经济博弈。[①] 俄国吸取教训，选择海陆双运的方式在中亚西南至中南部地段建设了外里海铁路，与英国划清了各自的势力范围。英国面对俄国通过铁路所获得的战略优势（L 型战略），进而选择通过妥协解决争端。但是，日俄在远东的第三轮博弈则没有以和平的方式收场。[②]

　　1869 年建成的美国太平洋洲际铁路与 1871 年的德意志统一是推动沙俄决心建造西伯利亚大铁路的主要因素之一。前者传递给沙俄的是，将国家边缘地带与核心地带连为一体是可能的。而后者的象征意义是更加重要，首先是德意志统一过程中铁路发挥了地缘经济作用，尤其在经济一体化与建立独立市场方面，[③] 其次是普鲁士战胜法国拿破仑三世的过

① Р.С. Мырзабекова, "Ресей империясының Ұлыбританиямен Орта Азия бағытында ықпал ету аймағы үшін бәсекелестік күресі", pp. 127–130.

② В.Н. Фурсов, В.Н. Тестов, "Возведение и функционирование транскаспийской магистрали в 80-х – начале 90-х гг. XIX в.", *Научные ведомости（Серия История. Политология. Экономика. Информатика）*, Vol.158, No.15, 2013.

③ 王维然：《中亚区域经济一体化研究》，知识产权出版社 2014 年版，第 2 页。

程当中铁路发挥了地缘政治作用，有效提高了军团作战机动性与动员能力。由此可以看出，西伯利亚大铁路是国家面子工程，这与 1837 年尼古拉一世建造第一条铁路一样，只不过这次的铁路是跨洲型铁路，意义非凡。而且沙俄也希望通过该铁路有效开发远东地区，为本国经济持续发展创造条件，并且将铁路沿线地带永远俄罗斯化。

沙俄建造的每一条铁路的政治意义都大于经济意义。乍看之下，西伯利亚大铁路是沙俄为其巩固远东，划清边界而建，但事实上，其真正的目的是进一步实施战略扩张，即南下政策。沙俄始终没有放弃自己的海洋战略，因为它深知没有足够强大的海军无法成为世界大国，只有通过进一步扩张与战争，才能够逼迫西欧国家承认沙俄的大国地位。

1890 年，为了加强俄国欧洲部分与远东地区的联系，并且加速俄国工业化进程，沙皇亚历山大三世（Александр III）正式签署命令，决定兴建对俄罗斯具有重要政治、经济和战略意义的西伯利亚铁路（Транссибирская магистраль），由此拉开了俄国第二个铁路建设高潮的序幕。该铁路吸取了北美加拿大与美国的铁路建设经验，并且与俄罗斯自身的跨河与跨湖铁路建设经验相结合，[1] 分别于 1891 年 5 月从符拉迪沃斯托克向西，1892 年 7 月从车

---

① 陈秋杰：《西伯利亚大铁路修建中的外国因素》，《西伯利亚研究》2011 年第 6 期。

里雅宾斯克向东修建。[①] 该工程不仅是俄国资本主义发展成果，而且还是俄国资本主义继续发展的发动机。因工程规模浩大，所参与的劳动力较多，再加上沿线区域资源丰富，一个个新兴城镇拔地而起，与铁路建设相关的产业相继而建，带动地区人口与经济发展，推动了俄罗斯城市化进程与科学发展和技术进步。

沙俄因西伯利亚铁路建设进一步加强对自身远东地区控制的同时，尽可能扩大其自身影响力与势力范围，进而将目标定为朝鲜半岛与辽东半岛。为了渗透辽东半岛，最终吞并朝鲜半岛，沙俄政府与清政府签订了《中俄密约》，俄国获得西伯利亚铁路穿过清朝东北地区直达符拉迪沃斯托克的特权，并于 1898 年开始动工建造连接俄国赤塔、清朝满洲里、哈尔滨、绥芬河至符拉迪沃斯托克，此外还包括自哈尔滨经长春至大连、旅顺的"Т"字型东清铁路（Китайско-Восточная железная дорога），1903 年建成。1904 年 7 月，全长 9298 公里的西伯利亚铁路全线通车，由此成为俄国连接欧亚部分的经济军事大动脉。[②]

---

① Верховской В.М. Исторический очерк развития железных дорог в России с их основания по 1897 г, http://elib.shpl.ru/ru/no des/4868-verhocskoy-v-m-istoricheskiy-ocherk-razvitiya-zheleznyh-dorog-v-rossii-s-ih-osnovaniya-po-1897-g-vklyuchitelno-vyp-1-2-spb-1898-1899.

② 马蔚云：《俄国的远东政策与西伯利亚大铁路的修筑》，《俄罗斯学刊》2012 年第 1 期。

　　就在西伯利亚铁路如火如荼地进行时，沙俄政府在中亚地区开始着手建造该地区第二条铁路，即奥伦堡—塔什干铁路（Ташкентская железная дорога）。该铁路全长 2090 公里，横跨哈萨克草原，连接俄罗斯中部工业区与中亚（南部）工业原材料工业区，于 1900 年秋从奥伦堡和塔什干同时开工建设。[①]1905 年外里海铁路与奥伦堡—塔什干铁路接轨，正式接入俄罗斯铁路网，而奥伦堡—塔什干铁路线于 1906 年 1 月正式通车。[②] 外里海铁路的诞生源于俄英地缘政治博弈，而奥伦堡—塔什干铁路则源于俄国中部工业化的发展对原材料的持续需求与美国内战所导致的棉花价格暴涨。

　　当俄英在中亚地区的第一轮博弈告一段落之时，俄与列强在远东和东北亚地区的博弈宣告开始。早在 1891 年俄国开始建造西伯利亚铁路之际，时任日本陆军大将山县有朋曾预言："西伯利亚铁路完成时，便是朝鲜的多事之时，也是东洋发生动变之机。"[③] 表明日本已经感受到俄国在铁路背后对东亚局势的企图，也开始暗暗准备这场未来可能难以避免的战争。

　　俄日之争最终在 1904 年演变为战争，并且延续至次年

---

① Казахстан Темир Жолы, https://www.railways.kz/articles/company/ history.

② O'zbekiston temir yo'llari tarihi, http://www.railway.uz/uz/gazhk/istoriya_ zheleznykh_dorog/.

③ 李佳达：《日俄战争与中国的命运：1904—1905 法兰西画刊图文精选》，广西师范大学出版社 2013 年版，第 58 页。

9月。因视德意志帝国为真正潜在威胁，沙俄始终未将欧洲主力部队调往远东，所以在经历了一系列著名陆海战役之后，以日本的险胜而告一段落。日本从俄国手中获得了对南满铁路的控制与对朝鲜半岛的统治，以及对东清铁路长春以南段的控制权。① 而俄国在1906年再次探讨修建第二西伯利亚干线问题，并于1911年在阿穆尔河地区进行勘探工作。最终在1916年被迫修建了一条绕开中国，经赤塔和伯力前往符拉迪沃斯托克的外围铁路线，以此保证西伯利亚铁路的正常运营。俄日战争期间西伯利亚铁路并未发挥出理想的作用。② 由于西伯利亚铁路无法达成预定的运量，在地形、气候等种种限制下，蒸汽火车往往行动受阻，所以俄军只好使用最原始的马车运送士兵，而铁轨则成为另类的路标指引。而且西伯利亚铁路线不是双向行驶，因此只能单向运输物资，这无法满足地区在紧急状态下的需求。③ 这些为俄国铁路建设提供了良好的经验和教训。但是，有一点可以肯定，就是西伯利亚铁路虽然未能帮助俄国吞并辽东与朝鲜半岛，但因其存在本身帮助俄国保住了远东地区，并且将该地

---

① 韩士明：《中东路幕后的博弈——中国与俄、日、美的角逐》，《黑龙江史志》2011年第17期。

② История российских железных дорог: XX век Основа индустрии страны, https://www.mintrans.ru/mt-railways/20.html.

③ 李佳达：《日俄战争与中国的命运：1904—1905法兰西画刊图文精选》，第32页。

区与俄国核心区紧紧拴在一起。

日俄战争被视为沙俄的亚洲版克里米亚，其结果更加悲惨，因为沙俄成为历史上首个败给亚洲国家的欧陆国，地位再次一落千丈。与此形成鲜明对比的是，日本因为战胜沙俄而跻身世界列强。战后，因德意志帝国的崛起地缘政治格局开始突变，沙俄继而将注意力转至国内，以便应对来自欧洲的威胁。而统一后的德意志帝国凭借其第二次工业革命的成果逐步超越英法，为了打破现有秩序，德意志帝国决定与奥斯曼土耳其帝国合作，通过建立横跨欧亚直至波斯湾的铁路来突破英法的围堵，即巴格达铁路。[①] 此次，巴格达铁路与西伯利亚大铁路的建设揭开了陆权国家为挑战海权国家，争夺边缘地带而开始的铁路大建设时代的序幕。

《朴茨茅斯条约》签订后，俄国再次将发展重心转向欧洲，并且在俄国全境进一步发展俄国铁路网。首先，为了维护远东地区安全，化解日本对南萨哈林岛的威胁，于1906年动工修建以军事目的为核心的托耶哈拉—索洛维耶夫卡铁路。其次，为了提升帝国东西部地区的联系，1907年开始修复西伯利亚大铁路。在此期间，不仅修复了西西伯利亚段的复线，同时将18英尺钢轨更换为新型的20英尺钢轨，木结

---

① Sean McMeekin, *The Berlin-Baghdad Express: The Ottoman Empire and Germany's Bid For World Power*, Cambridge: Harvard University Press, 2010, p.490.

构桥梁更换为石桥。最后，为了加强帝国中部各工业区间的运输能力，政府拨款建设了一系列新铁路线。在乌拉尔地区，1903—1906 年期间，先修建了维亚特卡经布依、加里奇、沃洛格达、切列波维茨和季赫温到奥布霍沃的铁路，之后分别修建了彼尔母—昆古尔—叶卡捷琳娜堡与秋明—额木斯克铁路。1907—1909 年，在伏尔加河流域先后修建红库特—布扎尼码头和布扎尼—阿斯特拉罕铁路。1908—1912 年在高加索地区先后修建了阿尔马维尔—斯塔夫罗波尔—彼得罗夫斯科耶和阿尔马维尔—图阿普谢铁路。1911 年开始修建下诺夫哥罗德—科捷利尼奇铁路。[①] 第一次世界大战前夕，莫斯科地区的铁路线运载功率与时速大大提升，其中莫斯科—圣彼得堡之间的运行时间压缩至 7 小时 59 分，最高时速提高至每小时 100 公里。俄国战后的铁路建设进程受到普鲁士帝国的高度关注与警惕。随着俄铁路欧洲段的扩展与技术提升，德军参谋总部逐渐将俄铁路的进一步建设视为对德地区安全的威胁。[②]

---

① 李宝仁等主编：《国外铁路概览：俄罗斯铁路》，第 55 页。

② 1905 年德军参谋总长施里芬制订第一次世界大战的计划。其战略思想是采取"速决战"，与俄、法集体爆发战争后，力求避免在东、西两线同时作战。首先集中优势兵力，采用"闪电战术"，在 4—6 星期内经比利时袭击法军后方，在英军给法国以有力援助之前迅速打败法国，切断英国与欧洲大陆的联系，然后回过头来，挥师东进同奥匈帝国一同对付俄国，在 3—4 个月内打败俄国，结束战争。但是，俄国铁路的建设进程大大提升了俄国军队与战略物资的集结能力与全国动员速度，导致德国加快扩军备战的速度。

因此，俄铁路建设的深化与德军参谋总部的官僚化最终成为第一次世界大战爆发的主要因素之一。①

四、"心脏地带"铁路的成败得失

世代沙皇都努力征服陆上通道，并且均以此为基础集中所有资源，进而抗衡海权国家。可事实是，沙俄既无能力控制所有陆上通道，也不可能控制所有通道。但沙俄铁路的军事战略功能是毋庸置疑的，"心脏地带"铁路的军事战略价值远高于经济战略价值，政治功能远胜于经济功能，其战略价值与功能的转换则取决于位于"心脏地带"政权的政治观念与利益的变化，而此变化则取决于"心脏地带"周边其他发达核心区域的影响。"心脏地带"铁路建设与铁路网的形成给予了控制该地区的政治军事单位抵御陆上外敌入侵的能力，将其改变为"永不沦陷的堡垒"。但沙俄将自身打造为"永不沦陷的堡垒"的同时也失去了集中力量突围的可能性。其原因首先是作为"心脏地带"必须要将军事力量与资源分配至威胁来源地，而包围着"心脏地带"的海权国家可能从任何一个边缘向核心地带发起进攻，因此，就造成陆权国家不得不重视每一个潜在威胁。其次是沙俄所拥有的海域也被海权国家层层封锁，无论是波罗的海，还是黑海，或者是日本海

---

① ［美］小约瑟夫·奈、［加］戴维·韦尔奇：《理解全球冲突与合作：理论与历史》，上海人民出版社 2012 年版，第 110 页。

均很难突破海上封锁。因此，沙俄每次海上尝试均以失败告终。最后是陆上大国的铁路战略也会跟另外一个陆上大国的铁路战略发生冲突与竞争，这种情况就是沙俄西伯利亚大铁路与德意志巴格达铁路在"心脏地带"之边缘地带的博弈。

（一）将铁路转化为维护政体的有效工具：防止铁路建设转化为象征意义的面子工程

归根结底，身为俄罗斯帝国最高统治者的沙皇之所以会选择支持国家铁路建设，一方面，是因为俄国君主政体受到暗潮汹涌的革命力量的威胁，唯有发展经济才能巩固君主制，而只有铺设铁路才能带动工业发展；另一方面，出于军事需要，沙皇希望拥有一条能够翻过欧亚大陆分界线乌拉尔山，穿越开阔的西伯利亚，直达国土东端太平洋的铁路，以此将俄罗斯帝国版图牢牢捆绑在一起。与此同时，铁路所到之处涌入大量俄国资本，输出各种资源，带动俄国经济发展与工业化进程，减少运输成本，提高劳动力与资本的流通，通过有组织移民实现地区城镇化与俄罗斯化，为帝国下一步扩张行动充当桥头堡作用。但事实是，首条铁路是为了证明其文明大国之地位，首条跨洲铁路则是为了重获大国地位而建，其结果是屡次被海权力量击败。原因很简单，就是沉醉于辉煌的帝国心态与强烈的文化优越感。这容易导致国家忽视变化与潜在威胁的形成，鄙视外国成果进而将先进思想与技术拒之门外，最严重的是丧失发展时机，最终导致落后于他国。

（二）有效利用铁路建设完成帝国内部一体化：准确设定铁路建设规模及实施规划

虽然沙俄在建设铁路方面吸取了美国与加拿大的经验，但主要铁路建设效仿对象是普鲁士，更准确地说是效仿普鲁士通过铁路与关税同盟统一德意志地区的经验，保持俄罗斯民族在帝国境内文学、历史、经济等领域的统一性与民族统一意识的不断强化，选择了政治—经济—文化的区域一体化道路，由此奠定了沙俄的地缘政治基础。铁路建设与关税的提高加速了国内统一市场的形成，为沙俄进行工业革命提供了广阔的发展空间，尤其是大规模的铁路建设，对沙俄的迅速工业化起到了决定作用，它使沙俄工业重心在短时间内从纺织等轻工业转向钢铁、煤炭和机械制造等重工业，还促成了沙俄金融制度的创新。但是，注重经济发展之时要尽可能避免发生政治摩擦，因为这容易导致前功尽弃。西伯利亚大铁路之东清铁路段则是最好的例子，沙俄虽然声称是为了缩短距离，但事实上是为下一步的军事扩张而布局。其结果是引发列强的强烈警惕与不满，最终引发与该地区拥有同样目的的国家爆发正面冲突。结果告诉我们，核心在东欧的沙俄不可能调动主力部队前往远东支援，需要保存主力面对来自欧洲的主要威胁。而日本身为地区新崛起国，则会动员全国力量，孤注一掷。战败会让沙俄国际地位再次下降，激化社会矛盾与经济状况，而战胜则只会带来欧洲列强的联合围堵，直至资源耗竭为止。

（三）通过铁路工程改变其国际地位：避免踏入战略雷区

铁路所覆盖的地区被政府视为与国家战略利益密切相关的区域，因此铁路的扩张也意味着领土或者势力范围的扩张。沙俄在日俄战争败北之后，失去了南满铁路的控制权，因而也逐渐失去了在满洲地区的话语权，取而代之的是日本，而日本也因有效控制南满铁路进而扩大其影响力，壮大自身，跻身列强。大英帝国以海上战略利益为主，采取先经济后政治的方式保护其殖民地经济利益（印度铁路网），维护其全球霸权地位，采取持续扩张其势力范围的政策，直至与沙俄发生碰撞为止。而普鲁士帝国则以陆上战略利益为主，采取先政治后经济的方式率先调整好与奥斯曼土耳其帝国间的关系，进而大规模建设铁路，再以该铁路为基础获取出海口，挑战英国的海上霸权，实现其世界帝国梦。拥有铁路本身就象征着已经拥有大国地位，而沙俄铁路网的形成让俄拥有东欧、高加索、近东、中亚、远东地区争端的裁判权与参与权，可以将所有被视为涉及国家利益而采取的措施正当化。总结西伯利亚铁路扩张与巴格达铁路扩张的不足之处就是，两国面对海权国家的警觉时所作出的决策多为挑衅性的，因此，避免矛盾升级则是重中之重，因为竞争与矛盾是无法避免的。

结　语

　　目前来看，地缘政治风险生成的直接因素主要包括大国间的战略竞争、海权与陆权力量的斗争、地理敏感地带引发的博弈、地缘经济竞争等。在这些地缘博弈的背后，有着更深层次的变量，这就是时代的变化和深深嵌入政策制定者内心的"地缘政治想象"。前者是变化的，因时代而异；后者是静态的、顽固的，是人头脑中挥之不去的。"西方地缘政治想象"及其引发的地缘政治挑战，是阻碍新兴国家基建项目走出去的最大的唯心主义障碍。所有这些变量，直接的和幕后深层次的，都将导致地缘政治风险的产生。

一、什么是地缘政治风险？

目前，国内外学术界和政策界对地缘政治风险的讨论比较分散，尚未形成体系，缺乏地缘政治风险的明确定义和理论分析框架，难以对一国或一国战略性行业的地缘政治实践给予理论指导。美联储一份名为《衡量地缘政治风险》的研究报告将地缘政治风险定义为"因战争、恐袭、国家间关系紧张等影响国际关系正常与和平开展的事件所引发的风险……地缘政治风险包括这些事件所导致的风险，也包括因这些事件、事态升级而引发的新的风险"[1]。达沃斯世界经济论坛每年发布《全球风险报告》（*Global Risks Report*），2015 年版《全球风险报告》将地缘政治风险定义为一种系统性、跨地域和跨行业的全球性风险，内容涵盖国家间暴力冲突、重要国家内乱、大规模恐怖主义袭击、杀伤性武器扩散和全球治理失败等。2019 年版《全球风险报告》则又列举了一些地缘政治风险的具体表现形式，如国家崩溃或危机、国家治理失败、区域或全球治理失败、国家间冲突、恐怖袭击。[2] 但大部分研究并没有真正区分

[1]　Dario Caldara, Matteo Iacoviello, "Measuring Geopolitical Risk," International Finance Discussion Papers, Board of Governors of the Federal Reserve System, No. 1222, February 2018.

[2]　World Economic Forum, "The Global Risks Report 2019", p. 5.

政治风险与地缘政治风险，政治风险的概念似乎成了"大篮子"，包括地缘政治风险在内的很多类型的风险，都被汇入其中。

从更大范围来看，国际上普遍存在将地缘政治概念泛化为国际政治、国际问题研究的趋势。例如，美国前国务卿赖斯（Condoleezza Rice）在其《政治风险：企业与组织如何预判全球不安全形势》一书中，将政治风险定义为"一项政治行动显著影响公司业务的可能性"[1]，并且将政治风险细分为地缘政治风险、内部冲突风险、法律法规与政策、破坏合同、腐败、域外影响、自然资源操纵、社会活跃主义、恐怖主义、网络威胁，并列举了地缘政治风险，包括国家间战争、大国权势转移、多边经济制裁及干预[2]。赖斯有关政治风险的定义虽然涵盖了地缘政治风险，但依然没有将地缘政治风险的概念讲清楚。事实上，赖斯是利用地缘政治风险的概念泛指国际政治风险。

（一）厘清政治风险与地缘政治风险概念的差别

为明确地缘政治风险的概念，作为第一步，我们尝试厘清政治风险与地缘政治风险两者间的区别。与政治风险概念

---

[1] Condoleezza Rice, Amy B. Zegart, Political Risk: How Businesses and Organizations Can Anticipate Global Insecurity, New York: Twelve, 2018, p. 5.

[2] Condoleezza Rice, Amy B. Zegart, Political Risk: How Businesses and Organizations Can Anticipate Global Insecurity, New York: Twelve, 2018, pp. 30–31.

相比，地缘政治风险的概念强调地理因素，以及地理与国际政治两者之间的互动。政治风险概念的流行可以追溯到 20 世纪 60 年代，其时非殖民化运动正在世界如火如荼地进行，许多新独立的民族国家在去殖民化过程中将资本主义国家在本国投资的跨国资产征用、没收、国有化，从而造成了投资国的巨大损失。美国学者富兰克林·鲁特（Franklin Root）提出了政治风险的概念，指代政府对企业的干预造成的不利影响。[①] 随着经济全球化的迅猛发展，政府的野蛮干预造成损失的情况越来越少，而腐败、国家失败、政治体制缺陷、民粹主义等因素造成的损失日益增多，政治风险的概念扩展到政府的不作为。

2006 年，美国学者大卫·温尼克（David Wernick）在《未名的恐怖：地缘政治风险时代的跨国公司》中开始尝试区分政治风险与地缘政治风险。他将地缘政治风险定义为"国际上的政治行为体（包括非国家行为体）及事件对跨国公司或其关键价值链合作伙伴的直接或间接的影响，从而导致收益或商业机会损失的潜在可能性"。其有关地缘政治风险的定义包括恐怖袭击对关键商业基础设施的影响，这些基础设施包括飞机、油轮、货轮及信息技术网络，也包括地区局势紧张或大国竞争给企业供应链正常运行带来的

[①] Franklin Root, "United States Business Abroad and Political Risks", *MSU Business Topics*, Vol. 16, No. 1（1968），pp. 73–80.

冲击。① 温尼克敏锐地捕捉到商业基础设施、企业的跨国供应链都可能受到恐怖主义和地区局势不稳定造成的损害，从而将互联互通（interconnectivity）、供应链、交通基础设施与政治风险联系起来，突出了地理因素与国际政治之间的关联，从而启发了我们对地缘政治风险概念的理解，即地缘政治风险需要凸显地理或地缘因素，而政治风险的概念对地理因素往往是"无动于衷"的。事实上，大部分国际政治学者对地理因素缺乏应有的敏感。

在很大程度上，地缘政治风险是指由地缘因素所引发的国际政治风险，其核心要素是"地缘"（geo）。"geo"源于古希腊，意指"土地""地球""国家"。古希腊"地理学之父"埃拉托斯特尼（Eratosthenes）在大约公元前 200 年，采用了"地理学"（geography）一词来表示研究地球的学问，这个词即由"geo"和"Graphy"两部分组成，意思是"对地球的描述"（earth description）。地理学又可以分为自然地理和人文地理，其学术定义是：地球表面自然现象和人文现象的分布，以及对它们之间相互关系的研究。② 正如地理学由"geo"和"graphy"两部分组成那样，地缘政治学是由"geo"

---

① David A. Wernick, "Terror Incognito: International Business in An Era of Heightened Geopolitical Risk", Corporate Strategies Under International Terrorism and Adversity, 2006, pp. 59–82.

② 韩茂莉：《中国历史地理十五讲》，北京大学出版社 2015 年版，第 1 页。

和"politics"两部分组成。显然,地缘政治学是地理学和政治学的交叉学科。美国的科林·弗林特(Colin Flint)将地缘政治定义为"国家之间对地理实体控制权的争夺",这里的地理实体包括边界、跨界流动的管理、特别经济区、港口以及联通它们的媒介,如公路、铁路、海路和空路。同时,弗林特还强调地缘政治学的国际与全球纬度,以此区分地缘政治学与政治地理学,后者更多指向国内政治,缺乏国际和全球维度。政治地理学最初的研究对象就是国内政治,如选举或游行。而古典地缘政治学(classical geopolitics)主要研究的是国际关系或国家间的互动。①

(二)定义地缘政治风险

基于上述基础,综合考虑地缘和国际政治因素,本书就地缘政治风险提出简单与复杂两种定义。简单定义就是由地缘因素引发的国际政治风险。复杂定义则更清晰地阐明"地缘因素",即国家或非国家行为体对特定地缘空间的开发、塑造、竞争或控制,造成既有地缘结构与利益结构变化而引发的国际政治风险。这个定义包含四个要素。

第一,地缘因素。地缘政治风险是地缘因素引发的国际政治风险。地缘政治的本质属性是空间性,地理空间赋予了地缘政治发展的土壤,是地缘结构最重要的物质结构要素。

---

① Colin Flint, *Introduction to Geopolitics*, New York: Routledge, 2017, p. 3.

它通常表现在不同的地形地貌、气候类型、经济潜力、人口分布、文化习俗、政治权力的空间分布等方面。虽然由于交通工具与远程作战工具的发展，距离与地形的约束已不再无法克服，但地球上的空间资源是恒定的，对于空间的不平等占有情况依然存在，对于战略空间的争夺依然激烈，地缘政治的本质规律仍未改变，地缘结构的物质基础仍然至关重要。有鉴于此，围绕地缘物质因素的争夺是引发国际政治危机和冲突的一个重要根源，进而引发地缘政治风险。

第二，国际政治因素。地缘政治风险是超越单个国家边界的国际性、全球性风险。传统的政治风险概念主要是关注东道国国内的政治风险因素，没有考虑那些由于地缘格局变化而产生的系统性、跨国性风险。1996 年，美国前高级外交官、后任美国驻伊拉克最高行政长官的刘易斯·布雷默（Lewis P. Bremer）提出了导致政治风险的结构性因素，认为冷战后正在形成的多极格局不如两极格局稳定，地缘局势动荡给跨国企业带来地缘政治风险。① 布雷默虽然没有明确区分政治风险与地缘政治风险，但强调政治风险的形成受到国际格局变化的影响。地缘政治风险是由地缘政治博弈使国家权力在空间范围分布结构发生变化而造成的，是一种结构

---

① Lewis Paul Bremer, "Geopolitical Risk Assessment in Times of Turmoil," *Tulsa Journal of Comparative and International Law*, Vol. 4, No. 1（1996），pp. 118–120.

性、系统性风险，关注的是国际政治、国家间的互动。古典的地缘政治学理论都是站在至高之处，俯瞰世界，尝试对世界政治提出一个简明扼要的地理政治解释。在构建地缘政治风险概念与理论的时候，我们也是从至高之处着眼，看待国家间、区域间甚至全球范围的地缘政治风险，即从全局、大处着眼，以联系的、发展的眼光看待国际政治因素所引发的风险。

第三，地缘利益结构因素。地缘政治风险的形成与地缘利益结构的变化密切相关。本书将地缘政治风险定义为由于特定地缘结构改变而造成的既有利益分布结构变化而引发的风险。这种变动一方面包括地理结构上的变化，如苏伊士运河连通了红海和地中海，是欧亚澳航线的主要航道，使得英法纷纷争夺其开凿、运营权；巴拿马运河横断美洲大陆，沟通太平洋与大西洋，美国为了获得其开凿与永租权甚至策划了巴拿马的独立。另一方面是利益结构上的变化。例如，位于亚欧非大陆交汇处的巴尔干半岛是 19 世纪以来欧洲列强争夺的焦点。1854 年，俄国在巴尔干半岛的扩张影响了英法在那里的利益，由此爆发了克里米亚战争。巴尔干半岛每次权力与利益分布结构的变动都伴随着大大小小的战争与危机，被冠以"欧洲火药桶"之称，更是第一次世界大战的原因。

第四，地缘政治风险的施动者。地缘政治风险是一国战略施动者主观故意或无意间制造的风险。这不同于以往谈到的一国或企业所面临的被动性风险。这里涉及的地缘政治风险涵盖两者，既是施动者自己创造的，也包括其被动面对的。那些海外重大基础设施项目，无论是经国家安排或未经国家统筹，都存在导致地缘政治风险的可能性。这是因为基础设施建设会塑造新的地理，改变地缘政治，从而引发地缘政治风险。一方面，大型基础设施项目的建设有利于地区经济的进一步发展，推动当地迈向现代化，并且改变该区域内国家实力的分布状况，减小某个大国在该区域的垄断性影响，这有利于欠发达国家摆脱经济依附关系，逐渐减小大国对它的控制能力。另一方面，一国的地缘政治经济活动则可能打破其他大国在该地区原有的利益平衡。例如，19 世纪末 20 世纪初，德国修建柏林—巴格达铁路打破了中东地区力量平衡，也改变了贸易流向。从 1900 年到 1910 年，在土耳其的进出口总额中，英国所占份额从 35% 下降到 22.5%，而德国却增加了 5 倍。[①] 铁路的修建影响了中东地区乃至整个世界的地缘战略平衡，导致有关国家之间的矛盾尖锐化。

综上所述，重大项目"走出去"，不仅需要考虑东道国的国内因素，更要考虑其背后大国势力的干预，同时也需要考虑重大基础设施项目"走出去"过程中对相关地区地理空

---

① 唐承运、刘亚臣：《巴格达铁路——德意志帝国向东方推进的重要工具》。

间的重塑以及由此引发的地缘政治风险。

二、地缘政治风险的生成机制

地缘政治风险是由地缘因素引发的国际政治风险。地缘因素包括地缘政治、地缘经济、地缘文化等多个方面，一个国家的版图除了自然地理版图外，还有政治地理、经济地理、文化地理、社会地理等多重版图。地缘政治风险的概念就是强调这种复合式、多层次的地缘因素，因为任何地缘因素，都可能导致意想不到的政治后果。有鉴于此，地缘政治风险的生成也源于这些地缘因素引发的国际政治斗争。

第一，地缘战略竞争。大国间围绕地理实体控制权的竞争是地缘政治风险生成的最主要诱因。美国纽约市立大学的索尔·科恩（Saul Cohen）将地缘政治竞争区分为全球层面的地缘战略竞争和区域层面的地缘政治竞争，认为区分一个地缘战略辖区主要是看其"海洋性"或"大陆性"的程度。[①]随着地缘战略板块的运动，尤其是在海洋板块的扩张作用下，各板块在交界处发生激烈摩擦，使得一系列地缘政治危机在相关区域发生。[②]

---

① ［美］索尔·科恩：《地缘政治学：国际关系的地理学》，上海社会科学院出版社 2011 年版，第 42—43 页。
② 张晓通：《四大地缘战略板块碰撞与五个"地中海"危机》，《国际展望》2017 年第 6 期。

第二，海权力量与陆权力量的对立。马汉的"海权论"提出了陆权与海权的对立。他认为，世界冲突的关键地带处在亚洲的北纬 30°—40° 之间，在这里俄国的陆权与英国的海权相碰撞；并且他主张美国应联合东南亚各国，控制马六甲海峡，夺取海上的霸权。自"海权论"提出以来，海权与陆权相互对抗的二分论一直备受追捧。例如，英国地理学家与地缘政治学家麦金德（Halford Mackinder）认为，18 世纪由于蒸汽机的出现与苏伊士运河的开通，海权国家比陆权国家有了更强的机动性，也由此获得了从边缘地带包围欧亚"心脏地带"的能力，进而取得了针对以马和骆驼为交通工具的"陆上人"的优势。然而，19 世纪铁路的广泛修建代替了原始的马和骆驼，大大改善了路权国家的交通，使陆权国家重新获得地缘优势。[①] 而高铁、运河、港口、经济走廊等大型交通基础设施的建设无疑是陆权与海权力量的又一次较量。如今，海上运输是国际贸易的主要途径，海防也是各国的重中之重。就力量对比而言，仍然是海洋性国家占据上风，诸如美国、英国、日本、西欧大陆沿海国家依托无垠的海洋与便捷的海上交通在国际竞争中占据着主导地位。而内陆国家和地区如俄罗斯、中亚、中东由于其有限的疆界与交通的制约，得不到充分的发展。即使一些国家邻近海洋，但每当行使其正当

---

① ［英］哈尔福德·麦金德：《历史的地理枢纽》，林尔蔚、陈江译，商务印书馆 2009 年版，第 57—66 页。

的发展权利时，也总会受到老牌海洋强国的封锁与制约。

第三，地理敏感地带引发的博弈，即一些特定国家、区域所处的特殊位置而引发的地缘风险。20世纪初，马汉便将位于英、俄之间、北纬30°—40°的亚洲地区视为不稳定地带。① 1915年，斐格莱（James Fairgrieve）用"碎片区"（crush zones）概念来描述"心脏地带"与海洋板块之间实力较为弱小的"缓冲国家"，包括从北欧和东欧到巴尔干地区、阿富汗、伊朗、土耳其、暹罗和韩国等。② 第二次世界大战期间，哈特向（Richard Hartshorne）分析了从波罗的海到亚得里亚海到东欧"破碎区"，倡导战后在此地建立联盟组织。③ 科恩对"破碎地带"（shatter zone）的定义则是"战略导向地区，其既在内部深刻分裂，又在地缘辖区的大国竞争的夹缝中求生"，到20世纪40年代末，两个这样高度分裂的地区出现了——中东与东南亚……未来还将出现的"破碎地带"，包括撒哈拉以南非洲，其能源和矿产资源是西方与中国间竞争的核心目标；另一个可能的地方是从波罗的海

---

① Alfred T. Mahan, *The Problem of Asia and Its Effect upon International Policy*, Boston: Little, Brown and Company, 1900, pp. 21–26.

② James Fairgrieve, *Geography and World Power*, London: University of London Press, 1915, pp. 329–330.

③ Richard Hartshorne, "The United States and the 'Shatter Zone' in Europe," in *Compass of the World*, Hans W. Weigert and Vilhjalmur Stefansson（eds.）, New York: Macmillan, 1944, pp. 203–214.

经东欧到巴尔干的新/旧地带；还有一个可能的地带是从外高加索经中亚的地区，这里与"心脏地带"接壤，但对西方、中国以及俄罗斯很有吸引力。①

第四，地缘经济博弈。对于崛起大国而言，其面临的地缘经济风险有两个方面：一是崛起国与守成国为获取全球经济首要地位的竞争，二是如何在自身发展的同时，照顾其他落后国家的经济利益。就前者而言，当前，由美国挑起的贸易摩擦，其本质是在霸权衰落的历史过程中，美国为维持其全球经济霸权地位而发起的调整国际经贸利益格局、实现中美经贸利益再平衡的"霸凌"行径。② 就后者而言，主要是照顾落后国家的经济利益，避免世界出现新的边缘地带，防止有关国家在经济全球化的浪潮中沦为失败国家，维护发展中国家之间的团结。

三、如何应对地缘政治风险

地缘政治风险已对新兴国家企业"走出去"构成实质性障碍，亟须加以分析和应对。

第一，决策者要有对地理学的深刻认识，形成和强化

---

① [美]索尔·科恩：《地缘政治学：国际关系的地理学》（第二版），第49—50页。

② 秦亚青等：《专家笔谈：大变局中的中国与世界》，《国际展望》2020年第1期。

地理安全意识，审批海外重大项目时要进行常规性的地缘政治风险评估。任何重大的海外基础设施项目都是国际政治比拼的大舞台，背后蕴藏着复杂的地缘政治博弈。在任何一幅行政地理版图上，同时还存在着政治版图、经济版图、人口版图、宗教版图、种族版图。这些版图叠加起来形成了地缘政治的复合版图，对此，要保持高度敏感。决策部门亟须增强地理安全意识，在审批海外重大项目时，需要设定构成地缘政治风险的具体标准，将此作为确立项目的参考。具体的地缘政治标准包括政治、经济、文化三个方面。首先，有关项目是否会引发大国间的地缘政治冲突，尤其要关注重要基础设施建设项目是否处于海权力量与陆权力量激烈博弈的中间地带，是否会显著改变既有的地缘利益结构。其次，有关项目是否会引发大规模的地缘经济竞争，以及是否会显著削弱其他发展中国家的竞争力和就业，从而影响发展中国家之间的团结。最后，有关项目是否会引发大规模宗教、文明、种族冲突，是否会导致非传统安全威胁上升。对于地缘政治风险的认定，要有牵头部门，并形成跨部门联席机制，在准确认识地缘政治风险及其生成机制的基础上，制定防范和管控地缘政治风险的有效战略和策略，预先评估地缘政治风险，要能够创造性地实现地缘利益结构的再平衡，力争使各方利益，包括各大国利益在动态中获得新的均衡。

第二，在政府的行政序列中，设立地缘经济部门，其职能应是多方面的。一是协调政府内部各部门，制定地缘经济战略，评估和防范地缘政治风险，推进海外重大项目落地。二是协调企业、商会、政府部门、高校智库等，研发地缘政治风险防范的产品、技术、流程、规范，降低中国海外重大项目的地缘政治风险。三是推进新的国际规则的创立，以及与现有国际、区域规则的对接。四是推进解决海外重大项目的政治、经济、商事法律争端。五是推动地缘经济学理论创新，从构建人类命运共同体的高度，提出以合作开放、互利共赢为主要特点的新地缘经济学。传统的西方地缘经济学只是地缘政治学的经济版，其核心依然是国家间的竞争与冲突。地缘经济学的提出者卢特瓦克（Edward N. Luttwak）曾说过，地缘经济学是"用商业语法书写的克劳塞维茨的战争逻辑"①。这种现实主义的地缘经济思维依然占据着西方地缘政治精英的头脑。有鉴于此，新兴国家亟须以平等、开放、合作、共赢、发展的新思维缓解现实主义地缘经济思维所可能引发的地缘竞争与冲突。

第三，企业、银行在评估海外重大项目时，应加大投入，进行常规性的地缘政治风险评估。

---

① Edward N. Luttwak, "From Geopolitics to Geo-Economics: Logic of Conflict, Grammar of Commerce," *The National Interest*, 1990, See Gearoid Ó. Tuathail, et al., eds., *The Geopolitics Reader*, p. 126.

责任编辑：曹　春
封面设计：汪　莹

图书在版编目（CIP）数据

世界铁路的地缘政治考察／张晓通 著．—北京：人民出版社，
　2022.4
ISBN 978－7－01－024641－3

I.①世… 　II.①张… 　III.①铁路运输－交通运输史－世界
②地缘政治学－研究－世界 　IV.① F531.9 ② D5

中国版本图书馆 CIP 数据核字（2022）第 045817 号

世界铁路的地缘政治考察

SHIJIE TIELU DE DIYUAN ZHENGZHI KAOCHA

张晓通　著

人民出版社 出版发行
（100706　北京市东城区隆福寺街 99 号）

北京盛通印刷股份有限公司印刷　新华书店经销

2022 年 4 月第 1 版　2022 年 4 月北京第 1 次印刷
开本：880 毫米 ×1230 毫米 1/32　印张：6.125
字数：120 千字

ISBN 978－7－01－024641－3　定价：48.00 元

邮购地址 100706　北京市东城区隆福寺街 99 号
人民东方图书销售中心　电话（010）65250042　65289539